だれにでもわかる文法と発音の基本ルール

新ゼロからスタート フランス語

文法編

音声
ダウンロード
付

アテネ・フランセ　責任編集

島崎　貴則　著
Shimazaki Takanori

Jリサーチ出版

はじめに

　この本は初めてフランス語を学ぶ人のための入門書です。こうした本は数多くありますが、本書の特徴は発音の解説が詳しいことと、文法項目をかなり限定していること、の二つです。これらは著者が語学学習に関して大事だと考えている点、そして独習者にとって困難だと思われる点に配慮して本書に与えた性格です。

発音について

　本書の「発音編」は、類書に比べて分量が多くなっています。これは独習者が正しい発音を身に付けることの難しさを考えてのことですが、全部を読み通すのが大変だと思われる方はいきなり「文法編」から読み始めても構いません。ただしそのときは必ず音声を聴いて、実際に発音しながら読み進めてください。そして音声の発音が聴き取れなかったり、うまくまねられなかったりしたときに「発音編」の解説を読む、という順序でもよいでしょう。本文に振ってある片仮名は、苦手な音の解説を「発音編」の中で見つける手掛かりとするためのものですので、初めから片仮名を読むことは避けてください。

文法について

　本書の「文法編」が扱う文法事項はかなり限定してあります。いわゆる初級文法全体の3分の2か、あるいはもっと少ないかもしれません。しかしそのことは内容が薄いとか、説明がいい加減だということではありません。むしろ普通は入門書ではしないような詳しい解説もしてあります（それらは「ここに注意」として小さな文字になっているので、難しいと思ったら読み飛ばして構いません）。初めから多くの文法事項を詰め込まなくても、基本的な知識と正しい発音を身に付ければかなりのことが表現できるはずなのです。もちろんそのためには多くの表現に触れる必要があるので、練習問題にはできるだけ不自然でない実用的な文を用意し、新しい語彙も積極的に入れました。

　この本で学習を始めた方が、早く実際にフランス語を使ってみたい、と思っていただけるようになることを願っています。

著者

目次 〰〰〰〰〰〰〰〰〰〰〰〰〰〰〰〰〰〰〰〰〰〰

Colonne

フランス語の学習方法について

フランス語は美しい?

　外国語にはとかくいろいろなイメージが付きまとうものです。フランス語についてはよく「美しい言語だ」と言われます。著者もフランス語に親しみを持つ者としてそう思いますが、ただしそれが「フランス語は別のある言語よりも美しい」という主張であれば賛成できません。そもそもある言語が「美しい」というときには音の響きを問題にしていることが多いようです。しかし個々の音を美しいと感じるかどうかは人によって違うでしょうし、簡単には決められないでしょう。それでも多くの人がある言語を「美しい」と感じるのは、個々の音が集まって作られた発話全体のリズムやメロディーによるところが大きいのです。

　もちろん個々の音の美しさがまったく問題にならないわけではありません。みなさんの中で誰か「このティームの今スィーズンの成績は…」などと一部のアナウンサーしかしないような発音をしている人はいるでしょうか。多分いないと思います。その言語の音韻体系の中で調和しない要素が入ってくると、人は「不自然で美しくない」と感じます。「チーム」も「シーズン」も、どんな年配の人でも理解できる立派な日本語なのですから、アナウンサーがいくらへ理屈を並べようと、皆さんが日常している発音の方が自然で美しいのです。つまりはその音韻体系の中で調和する音を、その言語固有のリズムとメロディーに乗せて奏でれば、何語であっても美しいはずなのです。

フランス語学習のコツとは？

　そこでもし「フランス語学習のコツ」があるとすれば、フランス語固有の音と、リズムやメロディーとを体得することにつきます。「発音などは通じればよい」という態度の人の学習は、必ず伸び悩みます。言葉の音の中には、通じる、通じない以上に多くの情報が含まれているのです。

　この本の「発音編」は、初学者が正しい発音を身に付けられるように、一つ一つの音の特徴や出し方を詳しく解説してあります。その結果かなり分量が多くなりましたが、読むのが大変だと思ったら「発音編」の UNITÉ 6 から UNITÉ 8 だけを読んで「文法編」に進んでも構いません。その代わり「文法編」の本文は必ず付属の音声を聴きながら、発音の練習とともに文法を学んでください。そして音声の通りに発音できなかったり、聴き取れなかった音があったりしたときに、「発音編」でその音の解説を読んでみてください。本文の下の振り仮名は、「発音編」の解説を探すためのもので、これを読んでも正しい発音にはなりません。

　本書の扱う文法項目が少ないのは、常に発音練習と並行して基本的な事柄を確実に身に付けていただきたいからです。あまりに多くの文法事項を詰め込んでも、結局はすぐに忘れてしまい、入門を何度もやり直すことになりがちです。頭で理解するだけでなく、音とともに体で覚えてこそ文法は本当に自分のものとなるのです。

　また音声は、できるだけ何度も通して聴いてください。まだ学んでいない部分は意味が分からないでしょうが、それで構いません。意味の分からないものを聴き続け、意味の分かっているものの発音を繰り返すことが、語学学習にはどうしても必要なのです。

〜〜〜〜〜〜〜〜〜〜〜〜〜〜 # 本書の利用法 〜〜〜〜〜〜〜〜〜〜〜〜〜〜

発音編 … まず発音を身に付けましょう

文字と音の関係、母音と子音、そしてフランス語に特徴的な音のつながりについて学習します。

※早く文法編に入りたい方は、UNITÉ 6 〜 8 だけを読んで、文法編に進んでも大丈夫です。

文法編 … 43の文法公式でしっかり覚えましょう

例文 音声を聞きながら、自分でも声に出して言ってみましょう。
発音の補助に片仮名を振ってあります。

単語 例文で使われる単語を紹介します。音声が収録されています。

音声が収録されていることを示すマークです。数字はトラック番号です。音声の後にポーズがあるので、音声をまねて発話練習しましょう。 ⑫

文法公式

文法の基本をわかりやすく説明しています。例文は音声収録されています。

練習問題 各 UNITÉ の最後に掲載されています。簡単な問題を解きながら、覚えた文法事項を復習しましょう。

チェック問題 5〜6 UNITÉ 毎にチェック問題があります。総復習のつもりで、問題にトライしてみましょう。

発音編

まずフランス語の発音と文字の仕組みを覚えましょう。
そして、メロディーとリズムをマスターすれば、
美しいフランス語が身に付きます。

La Tour
Eiffel

▶発音と文字

まずフランス語の発音と文字の仕組みを覚えましょう。

　フランス語の発音を身に付けるためには、二つの段階を経る必要があります。最初に個々の音を正確に出し、聞き取れるようになること、次に一つの文全体をフランス語らしく読む（話す）方法を知ること、の2段階です。発音編の UNITÉ 2〜 UNITÉ　5でフランス語の発音と文字の基本を学び、UNITÉ　6〜 UNITÉ 8でフランス語らしく話すコツを覚えましょう。

　ところで、フランス語の音を特徴づけているのは鼻母音と [r] の音だとよく言われます。本書ではそれに加えて [ə] の音もフランス語らしい音を形成する重要な要素だと考えているので、これらの音をしっかり身に付けてください。

　また本書では、初学者の便宜のためにフランス語に振り仮名を振ってありますが、振り仮名も発音記号もあくまで補助手段にすぎません。片仮名を読む癖をつけずに、つづり字と音声の発音が直接結び付くように心掛けましょう。振り仮名は個々の単語にではなく、アンシェヌマン・リエゾン (p.24) によって連続した音に対して振られている箇所もあるので注意してください。

▶母音

16個の母音がありますが、10個の母音だけマスターすれば十分通じます。 🎧②

フランス語の概説書にはよく次のような表が載っています。

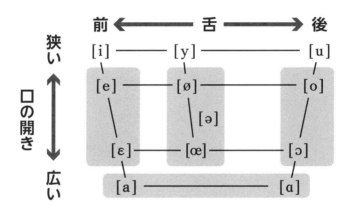

これら12個の母音は「口腔母音」と呼ばれ (耳慣れないかもしれませんが、普通の母音のことです)、そのほかに四つの「鼻母音」[ɔ̃] [ɑ̃] [ɛ̃] [œ̃] があるので、フランス語には全部で16の母音があることになります。しかし、四角く色地でまとめた部分と、[ɛ̃] [œ̃] は区別しなくとも十分通じるので、まずは最低限10個の母音の発音を習得し、聞き分けられるようになることが第一歩です。

I．口腔母音

発音記号 …… この音を表すつづり字

[i]　i, y

例 **midi** [midi] 正午　　**stylo** [stilo] 万年筆
　　ミディ　　　　　　　スチロ

日本語の「イ」よりも力の入った音です。舌先を下の前歯に強く押しつけ、唇を左右に引いて出します。

11

[u]　　ou

例 **où** [u] どこに
　　ウ

> 唇をすぼめて前に突き出し、舌を奥へ引いて発する深い音です。ou の2文字で書かれますが、一つの [u] という母音を表していることに注意してください。

[y]　　u

例 **jus** [ʒy] ジュース
　　ジュー

> 前述の二つの母音を合わせて作ります。すなわち [u] の唇の形で、舌を [i] を出すときのように前に出します。[i] の音を出して長く伸ばしながら、舌の状態を変えずに唇を [u] の形にすぼめる練習をするとよいでしょう。

[e] [ɛ]　e, é, è, ê, ai, ei

例 **café** [kafe] コーヒー　　**mère** [mɛr] 母　　**maison** [mɛrzɔ̃] 家
　　カフェ　　　　　　　　　メール　　　　　　　　メゾン

> この二つはいずれも「エ」なのですが、[e] は口の開きが狭く、[ɛ] は口の開きが広いのです。イメージとしては [e] は「イ」に近い「エ」、[ɛ] は「ア」に近い「エ」という感じですが、この二つが区別できなくても通じないわけではありません。[e] は e（特に é）の文字で、[ɛ] は e（特に è、ê）の文字で表されるほか、ai、ei などの文字も [エ] の音を表します。

[o] [ɔ]　o, au, eau

例 **porte** [pɔrt] ドア　　**sauce** [sos] ソース　　**eau** [o] 水
　　ポルトゥ　　　　　　　ソース　　　　　　　　オー

> やはりいずれも「オ」ですが、口の開け方が違います。[o] は [u] のときのように口を小さくすぼめて出し、[ɔ] は日本語の「オ」よりも口を大きく開けて出します。この二つも区別しないと通じないわけではありません。

発音記号 …… この音を表すつづり字

[ø] [œ] eu, œ, œu

例 **deux** [dø] 2   **beurre** [bœr] バター   **œuf** [œf] 卵
ドゥー　　　　　　　　　ブール　　　　　　　　　　　ウフ

> 　これらの音は上の二つの音を合わせて作ります。すなわち [ø] は [o] の唇の形で [e] を出すときの舌にし、[œ] は [ɔ] の唇の形で [ɛ] を出すときの舌にして発音します。つまりどちらも「オ」の口で「エ」と言うのですが、[ø] は口の開き方が小さく、[œ] は大きいのです。
> 　[y] のときと同じように、[ø] は [e] を伸ばしながら唇を [o] の形に、[œ] は [ɛ] を伸ばしながら唇を [ɔ] の形にする練習がよいでしょう。

発音記号 …… この音を表すつづり字

[ə] e

例 **je** [ʒə] わたしは   **menu** [məny] メニュー、定食
ジュ　　　　　　　　　　　ムニュ

> 　この音は [ø] や [œ] の仲間なのですが [ø] は意識的に口を小さく開け、[œ] は意識的に口を大きく開けるのに対し、[ə] は口を開ける力そのものを抜いて出します。舌や唇を特定の方向に動かさずにニュートラルな位置で発せられるフランス語の「休みの音」です。口を半ば開き気味にして「エ」と「ウ」の中間のような音を出してみましょう。

発音記号 …… この音を表すつづり字

[a] [ɑ] a

例 **salade** [salad] サラダ   **classe** [klɑs] クラス、授業
サラッドゥ　　　　　　　　　　クラス

> 　この二つの音の違いは、口の開き具合ではなく唇の形です。[a] は唇を左右に引いて出す「エ」に近い感じの明るい「ア」で、[ɑ] は唇を丸くして出す「オ」に近い感じの暗い音色の「ア」です。ただし最近のフランス語では、ほとんどの「ア」は [a] を出して構いません。

Ⅱ. 鼻母音

　フランス語の音を最もよく特徴づけているのがこの鼻母音です。概説書などではよく「鼻から息を抜いて出す」と説明していますが、それは鼻母音の本質ではありません。もしそれが必要条件なら、風邪をひいて鼻が詰まるとフランス語は話せなくなってしまいますが、そんなはずはありません。実際鼻をつまんだままでも（多少音色は変わりますが）鼻母音は出せるのです。確かに普通の状態で鼻母音を発音すれば、結果として自然に鼻から息が出ますが、それよりも鼻母音にとって大事なことは次の二つです。

① 　鼻のあたりを中心に響きを集める

　これはハミングをしながら指先を鼻に当てると響きが確かめられると思います。そしてそのまま「ンー」と伸ばしながら口を開け、「オ」の形にしても鼻の響きが残っていれば鼻母音の基本はできています。

② 　舌やあごを動かして「ン」の音を出さない

　次に大事な点は、鼻母音はあくまで「母音」なので、「ア」という母音と「ン」という子音を足して作ってはいけない、ということです。仮名では表記のしようがないので「アン」や「オン」のように書きますが、舌やあごを動かして「ン」の音を出さないように気を付けましょう。「ア」や「オ」のような普通の母音が「アー」「オー」と伸ばせるように、鼻母音も同じ響きで伸ばせなくてはいけません。ただ出し終わったときに、日本語の「ン」に似た響きが残るのです。

発音記号 …… **この音を表すつづり字**

[ɔ̃] 　on, om

例　**bon** [bɔ̃] 良い　　**non** [nɔ̃] いいえ
　　ボン　　　　　　　　ノン

　これは [ɔ] よりも [o] の口の形から作る鼻母音です。そのため [õ] の記号を用いている本もありますが、本書では多くの仏和辞典が採用している [ɔ̃] の記号を使います。

発音記号 ‥‥‥ この音を表すつづり字

[ɑ̃] an, am, en, em

例 **an** [ɑ̃] 年　**ensemble** [ɑ̃sɑ̃bl] 一緒に
アン　　　　アンサンブル

> これは [ɑ] の音を鼻母音化したものです。唇の形を丸くして、のどの奥の方から出される ので、「アン」よりも「オン」に近く聞こえます。

発音記号 ‥‥‥ この音を表すつづり字

[ɛ̃] in, im, ain, aim, ein, eim

例 **fin** [fɛ̃] 終わり　**pain** [pɛ̃] パン　**bien** [bjɛ̃] よく
フェン　　　　　ペン　　　　　ビエン

> この音は [ɛ] よりも少し口を大きく開けて出します。その結果「エン」と「アン」の中間のよ うな音に聞こえます。この音は in、im、ain、aim、ein、eim などの字で表されます。ま た -ien のつづりの中の en もこの音です。本書では「エン」の仮名で示します。

発音記号 ‥‥‥ この音を表すつづり字

[œ̃] un, um

例 **un** [œ̃] 1　**parfum** [parfœ̃] 香水
エン　　　　パルフェン

> これは [œ] の音を鼻母音化したもので、上の [ɛ̃] の音を、口をすぼめて発音します。た だし現在パリを中心とした多くの地域では、この音は [ɛ̃] と同じに発音されているので、[ɛ̃] で代用しても構いません。この音は un、um の字で表されます。本書では「エン」の仮名で 示します。

▶半母音

元は母音の半母音。子音のように発音します。

[u][y][i] の三つの母音は、次に別の母音が来ると自分自身は母音としての機能を失い、次の母音とともに一つの音節を作るため「半母音」（または「半子音」）と呼ばれます。半母音は子音と同じように、単独では発音できません。

発音記号 [w]

[u] を発音するときの口の構えで、音を出すと同時に次の母音に移行すると英語の will の語頭のような音が出ます。

この音を表すつづり字

① ou のつづりの次に発音される母音字が来たとき

例 **oui** [wi] はい　📣「ウ・イ」と二つの母音を発音しないように注意
　　 ウィ

② oi のつづりは常に [wa]、oin は [wɛ̃]

例 **étoile** [etwal] 星　　**loin** [lwɛ̃] 遠くに
　　 エトォワール　　　　ルォウェン

発音記号 [ɥ]

[y] を発すると同時に次の母音に移ると [ɥ] の音が出ます。

この音を表すつづり字

発音される母音字の前に来る u の字はこの音で読まれます。

例 **huit** [ɥit] 8
　　 ユイットゥ

発音記号 [j]

> [i] は発音される母音字の前で [j] になります。日本語のヤ行に近く聞こえますが、舌の前部が盛り上がって空気の通路が狭まるため、かすれたような音を伴うことがあります。

この音を表すつづり字

この音は上の二つの半母音と違って、前に来る母音と結び付くこともあるため、次の二通りのつづり字があります。

① i、y の次に発音される母音字が来たとき

例 **pied** [pje] 足 **voyage** [vwajaʒ] 旅行
　　ピエ　　　　　　　　ヴォワィヤージュ

② 母音字の後の il のつづり（語末に来る）または母音字の間の ill のつづり

例 **travail** [travaj] 仕事 **fille** [fij] 娘 **feuille** [fœj] 葉
　　トラヴァーユ　　　　　　　フィーユ　　　　　フーユ

Colonne **カフェかキャフェか**

　日本語に入ったフランス語はいろいろありますが、café「コーヒー・喫茶店」などはその代表でしょう。ところでこの発音は「カフェ」が正しいのか、「キャフェ」が正しいのか、と質問されることがたまにあります。身もふたもないことを言えば、どちらも日本語なので正しくありません。これは /ka/ という音をフランス語でどう発音するのかという問題ですが、鍵となるのは /k/ ではなく /a/ の発音です。この /a/ は日本語の「ア」よりも舌が前に来た明るい音で、この音とともに発音される /k/ は、例えば /ku/ と発音したときの /k/ よりもずっと前に舌が来ているのが実感できるでしょうか。そしてそれは日本語の「ア」のときより前なので、結果として「キャ」のように聞こえることがありますが、決して /kya/ と発音しているのではありません。

▶子音

フランス語の子音は全部で17ありますが、無声・有声の違い のある音をセットにしてまとめると、そう難しくありません。

[p][t][k]と[b][d][g]

前の三つの無声音に対する有声音 (つまり声帯の振動を伴った音) が、後の三 つです。これらの子音は、日本語のパ行、タ行、カ行などと似た音なので、そう 難しくはないのですが、英語の得意な人は強く破裂させて息を混ぜてしまうこと が多いので、フランス語らしくない発音になりがちです。

> [pi] や [ta] などが「ピヒ」「タハ」と聞こえないように発音しましょう。

[t][d] は英語よりも舌が前に来て発音されるので、[ti][di] は「チ」「ヂ」と聞 こえることがあります。「日本語のチにあたる音はフランス語にない」と解説して いる本もありますが、息の多く混じる英語式の [ti] よりは、日本語の「チ」のほ うがよほどフランス語の [ti] に近いのです。

[ka][ga] は「カ」「ガ」よりも「キャ」「ギャ」に近く聞こえることがあります。し かし日本語式に「キャ」と言ってしまうと、半母音の入った [kja] になってしまい ますが、フランス語の [ka] が「キャ」に聞こえるのは舌が前に来た結果です。日 本語の「カ」は「キ」と言うときより舌がずっと後ろにあるのを実感できるでしょう か。「キ」と言うときのように舌を前に出して [ka] と言うと、フランス語の音に近 くなります。

この音をあらわすつづり字

フランス語のつづりで k の字が使われることは少なく、[k] の音は後に a、o、 u や子音が来たときの c の字、および qu で表されることが多いです。qu はこ の2文字で [k] という一つの子音を表します。[g] は後に e、i、y 以外の字が来 たときの g の字で表されます。

 [p] の音 **père** [pɛr] 父
ペール

[b] の音 **bière** [bjɛr] ビール
ビエール

[t] の音 **tête** [tɛt] 頭
テットゥ

[d] の音 **droite** [drwat] 右
ドルォワットゥ

[k] の音 **quatre** [katr] 4
カトル

[g] の音 **gare** [gar] 駅
ガール

[f][s][ʃ] と [v][z][ʒ]

後の三つは前の三つの無声音に対する有声音です。

[f][v] は上の前歯を下唇の内側に軽く当てて発音します。英語のように下唇を「かむ」感じではありません。

[s] は舌先を下前歯に押し付けて空気の通り道を狭めて出す音です。[z] はその有声音ですから、日本語のザ行のように舌を上の歯茎に付けずに [s] と同じ位置で発音します。また [si] や [sy] の音を日本語の「シ」「シュ」で代用してしまうと、次の [ʃ] の音に聞こえるので注意が必要です。

[ʃ] は日本語の「シュ」よりも口をすぼめて舌先を上の歯茎に近づけて出します。[ʒ] はその有声音ですから、舌を上の歯茎に付けずに [ʃ] と同じ位置で発音します。日本人は大抵舌を付けて「ジュ」と言ってしまいますが、これは [dʒ] の音で、英語の chance の語頭の [tʃ] の有声音です。

この音をあらわすつづり字

[f] は f と ph の字で、[v] は v と w の字で表されます。

例 **famille** [famij] 家族　ファミーユ　　**photo** [fɔto] 写真　フォト　　**verre** [vɛr] コップ　ヴェール

[s] の音は s の字と、e、i、y の前の c の字で表します。また ç の字は常に [s] と読みます。その他 ti は普通 [ti] と読みますが、まれに [si] と読む場合があります。[z] は z の字のほか、母音字の間の s の字で表されます。

例 **soleil** [sɔlɛj] 太陽　ソレーユ　　　　**ici** [isi] ここに　イスィ

　　ça [sa] それ　サ　　　　　　　　**station** [stasjɔ̃] (地下鉄の) 駅　スタスィヨン

　　rose [roz] バラ　ローズ　　　　　　**zone** [zon] 地区　ゾーヌ

[ʃ] の音は ch で書かれます。[ʒ] は j の字および後に e、i、y が来たときの g の字で表されます。

例 **marché** [marʃe] 市場　マルシェ　　**joli** [ʒɔli] かわいい　ジョリ　　**gens** [ʒɑ̃] 人々　ジャン

[m][n][ɲ]

　[m] は日本語のマ行と同じで構いません。[n] は日本語や英語よりも舌が前に来るので、舌先を上前歯の裏に当てて発音します。[ɲ] は日本語の「ニュ」に似た音ですが、舌先を下前歯の裏に当てて発音します。[m][n] はそれぞれm、nの字で、[ɲ] は gn の字で表されます。

 mer [mɛr] 海　　**nez** [ne] 鼻　　**champagne** [ʃɑ̃paɲ] シャンペン
　　　　メール　　　　　　ネ　　　　　　　　　　シャンパーニュ

[l][r]

　[l] は英語の [l] よりも舌が前に来るので、舌先を上前歯の裏に付けて発音します。[l] を単独で出すときや、音の切れ目や語末にこの音が来たときには、最後に舌を [ə] を発音するときのニュートラルな位置に戻すとフランス語らしい音になります。

> 　実はこのことはフランス語のすべての子音について言えることなのですが、特に [l] [m][n] を出すときには目立つのです。同じ「ポール」さんでも英語とフランス語では大分響きが違います。

　[r] の音はフランス語の中でも難しいと言われている音です。舌先を下前歯の裏に付け、舌の奥を盛り上げ、空気の通路を狭めてかすれた音を出すのがフランス語の標準的な [r] の音ですが、「舌の奥」といってもどこだか分からない、と言う人が多いのです。日本語の「カ」は舌が後ろに来ていると言いましたが、ちょうどそのあたりだと思ってください。「カ」のときに完全に付いている舌をわずかに離すとかすれた「ハ」のような音が出るはずです。実際フランス語の [r] がカ行やハ行に聞こえる、という日本人は少なからずいます。

> 　[r] の音は、「うがいをするように」という解説もよく見掛けますが、そうするとのどびこ (口蓋垂) が震え過ぎて、上品でない感じになる恐れがあります。

 lune [lyn] 月　　**elle** [ɛl] 彼女　　**Paul** [pɔl] ポール (人名)
　　　　リュヌ　　　　　　エル　　　　　　　ポール

Paris [pari] パリ　　**rue** [ry] 通り、街
　　パリ　　　　　　　リュ

注記：
音声学では標準的なフランス語の r を [ʁ] で、のどびこを震わせる r を [ʀ] で示し、いわゆる巻き舌の r を [r] で示しますが、本書では多くの仏和辞典に倣って標準的なフランス語の r を [r] の記号で示します。

20

▶アルファベとつづり字記号

UNITÉ 5

フランス語で使われる文字（アルファベ）は英語と同じものですが、それぞれの文字のフランス語での呼び方も覚えておきましょう。英語式の呼び方ですませていると、いつまでたってもフランス語はよそよそしいままです。

🎧 6

Ⅰ. アルファベ (alphabet)

A a [a] ア	**B b** [be] ベ	**C c** [se] セ	**D d** [de] デ	**E e** [ə] ウ	**F f** [ɛf] エフ	**G g** [ʒe] ジェ
H h [aʃ] アッシュ	**I i** [i] イ	**J j** [ʒi] ジ	**K k** [ka] カ	**L l** [ɛl] エル	**M m** [ɛm] エム	**N n** [ɛn] エヌ
O o [o] オ	**P p** [pe] ペ	**Q q** [ky] キュ	**R r** [ɛr] エル	**S s** [ɛs] エス	**T t** [te] テ	**U u** [y] ユ
V v [ve] ヴェ	**W w** [dubləve] ドゥブルヴェ	**X x** [iks] イクス	**Y y** [igrɛk] イ・グレック	**Z z** [zɛd] ゼッド		

☞ w [dubləve] は「二つの v」、y [igrɛk] は「ギリシア語の i」という意味です。

発音とつづり字の関係の注意点

　発音とつづり字との関係は、UNITÉ 2 〜 4でおおよそ述べましたが、そのほかいくつかの注意点を挙げておきましょう。

h　h の字は決して発音されません。ただし文法上「有音の h」h aspiré と「無音の h」h muet の区別があります (p.25エリズィヨンの項参照)。有音の h は辞書にそれを示す記号が付けてあります。また rh は [r]、th は [t] と読みます。

例 histoire [istwar] 歴史、話
イストォワール

thé [te] お茶
テ

x x の字は、語頭の ex- の次に母音字または h が続くときは [gz]、それ以外は [ks] と読みます。また数詞では [s]、[z] と読みます。

| ex に母音字または h が續く | ex に h 以外の子音字が続く | 数詞 |

例 exemple [ɛgzɑ̃pl] 例
エグザンプル

taxi [taksi] タクシー
タクスィ

six [sis] 6
シス

y 母音字の間の y の字は、i + i として読みます。

例 voyage [vwajaʒ] 旅行 (= voi [vwa] + iage [jaʒ])
ヴォワィヤージュ

同じ子音字が二つ続く

同じ子音字が二つ続いても、原則として一つだけ発音します。ただし i、e、y の前の cc は [ks] と読みます。

例 terre [tɛr] 土地
テール

aller [ale] 行く
アレ

| i,e,y 以外文字の前の cc | i,e,y の前の cc |

D'accord ! [dakɔr] 了解!
ダコール

succès [syksɛ] 成功
シュクセ

語末の子音字

語末の子音字は多くの場合読みません。ただし c、f、l、r の四つ (特に l) は比較的読まれます。

| 語末の子音字を読む例 |

例 sac [sak] カバン
サック

chef [ʃɛf] チーフ、シェフ
シェフ

sel [sɛl] 塩
セル

car [kar] なぜなら
カール

英語の careful に含まれる四つの子音字、と覚えましょう。

e e の字は、é なら [e] となり、è、ê なら [ɛ] となるのが原則です。
何も付いていない e は、次に来る子音字が一つなら [ə]、二つ以上なら [ɛ] と読みます。ただし単語の最後の子音字の前にある e は [ɛ] と読みます。

| [e] の音となる | [ə] の音となる |

例 école [ekɔl] 学校
エコール

venir [vənir] …来る
ヴニール

[ɛ] の音となる

例 **frère** [frɛr] 兄弟
フレール

forêt [fɔrɛ] 森
フォレ

merci [mɛrsi] ありがとう
メルスィ

avec [avɛk] 〜と一緒に
アヴェック

Ⅱ. つづり字記号 (signes orthographiques)

アルファベのほかに、次のような記号が使われます。

´ **accent aigu** [aksɑ̃ tegy] アクサン・テギュ

` **accent grave** [aksɑ̃ grav] アクサン・グラーヴ

^ **accent circonflexe** [aksɑ̃ sirkɔ̃flɛks] アクサン・スィルコンフレクス

アクサン記号は、いわゆるアクセントとは関係ありません。大文字の上のアクサンは省略可能です。

¨ **tréma** [trema] トレマ

トレマは分離記号で、これが付いた母音は前の母音と別に読まれます。

トレマの付いた ai
例 **naïf** [naif] お人よしの
ナイフ

トレマなしの ai
mais [mɛ] しかし
メ

, **cédille** [sedij] セディーユ

セディーユは c の字を [s] と読ませる記号です。

’ **apostrophe** [apostrof] アポストロフ

アポストロフは母音字が一つ消えたことを示します (p.25 エリズィヨンの項参照)。

- **trait d’union** [trɛdynjɔ̃] トレ・デュニョン

トレ・デュニョンは連結符 (ハイフン) です。

例 **l’arc-en-ciel** [larkɑ̃sjɛl] 虹
ラルカンスィエル

▶アンシェヌマン・リエゾン・エリズィヨン

フランス語らしい滑らかな発音のコツをつかみましょう。🎧⑦

フランス語では、単語の切れ目と音の切れ目は必ずしも一致しません。それは発音を滑らかにするために、単語の垣根を越えて〈子音＋母音〉というかたまりを作ろうとする傾向と、逆に〈母音＋母音〉というつながりを避けようとする傾向によるものです。従ってフランス語を自然に読み、話すためには、以下のことを知らなくてはなりません。

Ⅰ. アンシェヌマン　enchaînement

シェヌ (chaîne) とは鎖のこと、アンシェヌマンとは単語の最後の子音と次の単語の頭の母音を鎖でつなぐようにつなげて読むことです。例えば une amie (〈一人の〉女の友達) は「ユヌ・アミ」ではなく「ユナミ」 [ynami] と続けて読みます。本書の本文ではアンシェヌマンする個所を ⌢ で示します。

例　**une⌢amie** [ynami] （一人の）女の友達
　　ユ　　ナミ

　　une⌢idée [ynide]　（一つの）考え
　　ユ　　ニデ

数詞の9 neuf は、[f] の音が ans (年)、heures (時間) の前で[v]に変わります。
　　　ヌフ　　　　　アン　　　ウール

例　**neuf⌢heures** [nœvœr]　9時
　　ヌ　　　ヴール

Ⅱ. リエゾン　liaison

単語の最後の子音字は普通発音しませんが、〈母音＋母音〉というつながりを避けるため、本来読まない子音字を次の単語の頭の母音とつなげて読むのがリエゾンです。例えば un は鼻母音 [œ̃] を表すので [n] の音は出ませんが、un ami (〈一人の〉男の友達) と言うときには「エン・アミ」ではなく「エンナミ」[œ̃nami] となります。本書の本文ではリエゾンする個所を ‿ で示します。

例　**un‿ami** [œ̃nami]　（一人の）男の友達　　**chez‿elle** [ʃezɛl]　彼女の家で
　　エン　　ナミ　　　　　　　　　　　　　シェ　　ゼル

リエゾンするときは、語末の -s、-x を [z] と、-d を [t] と読みます。

例 **mes　amis** [mezami] わたしたちの友達たち
　　　　メ　　　ザミ

　　　deux　amis [døzami] 二人の友達
　　　　ドゥ　　　ザミ

　　　grand　homme [grɑ̃tɔm] 偉人
　　　　グラン　　　トム

リエゾンは①必ずする場合、②してはいけない場合、③どちらでもよい場合
――の三つに分けられます。

① 必ずリエゾンするのは〈冠詞＋名詞〉、〈人称代名詞＋動詞〉、〈形容詞＋名詞〉
　〈〈名詞＋形容詞〉はしない〉、〈前置詞＋次の語〉などです。
② リエゾンしてはいけないのは〈主語名詞＋動詞〉、〈接続詞 et ＋次の語〉、
　有音の h で始まる語とその前の語などです。
③ どちらでもよい場合は、一般的に演説や朗読など格式ばった調子のときは
　多くされ、くだけた会話などでは少なくなります。

初歩のうちは①と②の場合に特に注意し、③に関しては実際の音を聞きなが
ら徐々に慣れていけばよいでしょう。

Ⅲ. エリズィヨン　élision

冠詞や人称代名詞などのうちの、短い（単音節の）十数語は、母音字と無音の
h で始まる語の前で母音字が1字消え、アポストロフ（'）でつなげられます。

例 **la + école** ➡ **l'école** [lekɔl] その学校
　　　　　　　　　　　　　　レコール

エリズィヨンをするのは大体次の語です。

> **le、la、ce、je、me、te、se、de、ne、que、si** (s'il、s'ils のときだけ)

 有音の h で始まる語の前ではエリズィヨンはしません。

▶音節と【ə】の脱落

音節の構造を知ると、発音がフランス語らしくなります。

　英語を英語らしい発音で話すコツは何でしょうか。それは強さのアクセント (stress accent) に注意することです。強さのアクセントが大体同じ間隔で現れるのが英語の音の特徴だからです。

　ではフランス語はどうでしょう。英語のように強弱のアクセントがはっきりしていないフランス語の音の特徴は、各音節が同じくらいの長さで発音されることなのです。従って音節の構成原理を知っておくことは、フランス語をうまく話すために役立ちます。

注記：ここでいう音節は「発音上の音節」です。これとは別に「つづり字上の音節」がありますが、以下特に断らない限り、ただ「音節」といえば「発音上の音節」を指します。

Ⅰ．音節の分け方

　音節は一つの母音を中心に形成されます。母音一つでも音節を作れますが、子音だけでは音節を作れません。UNITÉ 6で述べたように、〈子音＋母音〉のかたまりがフランス語の音節の基本です。

　　例　**midi** (正午)　➡　[mi-di]　〈ミ／ディ〉の2音節からなります。

　母音の後に二つ以上の子音が続くときは、最後の一つを切り離して次の母音に付けます。

　　例　**taxi** (タクシー)　➡　[tak-si]　〈タク／スィ〉
　　　　exposer (展示する)　➡　[ɛks-po-ze]　〈エクス／ポ／ゼ〉

　ただ [l] と [r] は、その前に来る [l]、[r] 以外の子音と非常に強く結び付き、切り離せません。

　　例　**métro** (地下鉄)　➡　[me-tro]　〈メ／トロ〉
　　　　esprit (精神)　➡　[ɛs-pri]　〈エス／プリ〉

Ⅱ. 【ə】の脱落

　母音の中で [ə] だけは音節を作れない場合があります。例えば madame（婦人）は [ma-da-mə] の3音節ではなく、[ma-dam] の2音節で発音されるのが普通です。これを [ə] の脱落といいます。

　[ə] が脱落すると音節の数が変わり、リズムも変わるので、この原理を知らないと自然なフランス語を聞き、話す上で障害になる可能性があります。ではどんな場合に脱落が起きるかというと、初歩の段階では次の二つを押さえておけばよいでしょう。

① 前に一つの子音しかないとき [ə] は脱落する

例　**samedi**（土曜日）　➡　○ [sam-di]〈サム／ディ〉
　　　　　　　　　　　　　　　　× [sa-mə-di]〈サ／ム／ディ〉

　　mademoiselle（娘さん）➡　○ [mad-mwa-zɛl]〈マドゥ／ムォワ／ゼル〉
　　　　　　　　　　　　　　　　× [ma-də-mwa-zɛl]〈マ／ドゥ／ムォワ／ゼル〉

それに対して前に二つ以上子音があるときは脱落しません。

例　**mercredi**（水曜日）　➡　○ [mɛr-krə-di]〈メル／クル／ディ〉

② 語句や文の終わりの [ə] は（その前にいくつ子音があっても）脱落する

例　**table**（テーブル）　➡　○ [tabl]〈タブル〉（一音節）
　　　　　　　　　　　　　　　× [ta-blə]〈タ／ブル〉（二音節）

　　以上は一般的な原則で、条件や個人差で変わることがあります。例えば①については、文の先頭の音節の [ə] の多くは脱落しません。また南フランスでは、[ə] を落とさない発音が一般的ですし、演説や詩のなどでも落としませんから、落とさない発音が間違いではありません。初めは神経質にならず、自分の発音と音声の発音が違ったときに、「[ə] が落ちているせいかな」と考えてみましょう。
　　②についても、日本人はあまり「脱落」を意識しすぎると、フランス語らしい発音ができないことがあります。madame は確かに [ma-da-mə] ではなく [ma-dam] と2音節で発音されるのが普通ですが、最後の [m] の後に口を [ə] を発音するときのニュートラルな位置に戻すとフランス語らしい音になります。これは、語句や文の最後が子音で終わるすべてのケースに当てはまることです。たとえ e の字がなくとも、parc は [parkə] のようなつもりで最後の子音を響かせるのがフランス語らしい発音のコツです。アルファベの l、m、n を単独で読むときや、最後が子音で終わるときは、はっきり [ə] の音を出さないまでも [ə] の口の形で終わる習慣をつけましょう。

▶アクセントとイントネーション

フランス語を自然に読み、話すために、アクセントと
イントネーションがどのような仕組みになっているかを
知っておきましょう。

フランス語で「彼は俳優です」Il est acteur. と言うときには、il [il] と est [ɛ]
の間でアンシェヌマン、est [ɛ] と acteur [aktœr] の間でリエゾンをしますので、

▮ Il‿est‿acteur. [i-lɛ-tak-tœr] 〈イ／レ／タク／トゥール〉

と読まれます。前述の音節の分け方や [ə] の脱落の原則は、単語の垣根を越
えて適用されることに注意してください。

France は1音節

まずフランス語は各音節が同じくらいの長さで発音されることを思い出しま
しょう。例えば France [frãs] は1音節ですから、日本語の「フランス」のように
4音節に発音してはリズムが崩れます。（鼻母音 [ã] 以外に余計な母音を入れず
に一息で発音され、しかも [r] の音はかすれて聞こえにくいので、日本人の中に
は「ファンス」と聞こえる、と言う人もいます。）

文のアクセント・イントネーション

Il‿est‿acteur. [i-lɛ-tak-tœr] という文は四つの音節から成りますので、各音
節を同じくらいの長さで言う練習をしてみましょう。初めはゆっくりで構いません。
指先で机をトン、トン、トン、トン、と軽くたたきながら、あるいは頭の中でメトロノー
ムが鳴っているつもりで等間隔で言ってみてください。

さて、それではアクセントはこの文のどこに来るのでしょう。実はフランス語の
アクセントは、語群の最後の音節にだけ来るのです（単語を単独で発音するとき
も最後の音節にだけ来ます）。従ってこの文では [tœr] の部分にアクセントが来
るのですが、英語などと違って、フランス語はアクセントの来る部分の音程（イン
トネーション）は必ずしも上がりません。平叙文では文末のアクセントが来る音
節を、少し強め、長めに、そしてイントネーションは下げて読む（話す）のが原則
です。

長い文のアクセントとイントネーション

　しかし文が長くなると、文末1カ所にだけアクセントを置いたのではあまりに平坦で、意味が伝わりにくいので、意味のまとまりから成るいくつかの語群に分けて発音します。この語群のことを「リズムグループ」といいますが、アクセントは各リズムグループの最終音節に置かれます。アクセントを置いた部分は、強め、長めに、そして最後のリズムグループ以外では、イントネーションを上げて発音します。最後だけ下げるのは、「ここで文が終わります」という合図なのです。例えば、

> **Cet^acteur va à Paris avec sa fille.**
> この俳優は娘と一緒にパリへ行く。

という文は、三つのリズムグループに分けられるので、切れ目を | で示せば、

> **[sɛ-tak-tœr | va-a-pa-ri | a-vɛk-sa-fij]**

となり、アクセントとイントネーションに注意して発音すれば、

> 〈セ／タク／**トゥール**↗〉　〈ヴァ／ア／パ／**リ**↗〉　〈ア／ヴェック／サ／**フィーユ**↘〉

という感じになります。
　平叙文をイントネーションだけで疑問文に変えるときは、文末も上げます。

> **Il^est‿acteur ?** [i-lɛ-tak-tœr]　〈イ／レ／タク／**トゥール**↗〉

　それに対し、疑問詞や Est-ce que など明らかに疑問文と分かる要素で始まる文の終わりは、イントネーションを変えなくて構いません（上げても可）。

> **Est-ce qu'il est acteur?** [ɛs-ki-lɛ-tak-tœr]
> 〈エス／キ／レ／タク／**トゥール**→〉

　いずれにしても、相手に自分の言いたいことを伝えるためには、意味のまとまりと音のまとまりを一致させて発音することが大切なのです。

▶練習1　音声を聞き、リエゾンされている方に〇をつけましょう。

① les amis / les parents

② sept heures / dix heures

③ un magasin / un hôtel

▶練習2　以下の発音でされているのはアンシェヌマン、リエゾン、エリズィヨンのうちどれでしょう。

① une école

② l'arbre

③ mes enfants

④ un ami

発音編　チェック問題 解答

▶練習1

①(les amis)/ les parents

② sept heures /(dix heures)

③ un magasin /(un hôtel)

▶練習2

① アンシェヌマン

② エリズィヨン

③ リエゾン

④ リエゾン

文法編①

文法事項は、最小限に絞り込みました。
「文法編」に入っても、必ず音声を聞き、
口を動かしながら勉強を進めましょう。

不定冠詞と名詞の性・数
▶ここに学校があります

「ここに〜があります」という言い方と不定冠詞、名詞の性・数について学びます。

❶ **Voilà une‿école.**

ヴォワラ　　ユ　　　ネコール
　1　　　　2

> **1** Voilà は、「ここに〜があります」
> **2** 女性名詞の不定冠詞 une

❷ **Voilà un livre.**

ヴォワラ　　エン　　　リーヴル
　　　　　　3

> **3** 男性名詞の不定冠詞 un

❸ **Voilà des fruits.**

ヴォワラ　　デ　　　フリュイ
　　　　　　4　　　　　5

> **4** 名詞複数形の不定冠詞 des
> **5** 名詞複数形を示す s

❹ **Voilà des‿arbres.**

ヴォワラ　　　デザルブル

学習のポイント

- 名詞の性（男性名詞、女性名詞）と複数形の s
- 不定冠詞 un / une / des
- 「ここに〜があります」Voilà 〜

UNITÉ 1

日本語訳

❶ ここに（1校の）学校があります。

❷ ここに（1冊の）本があります。

❸ ここに（いくつかの）果物があります。

❹ ここに（何本かの）木があります。

Vocabulaire

名詞　 m は男性名詞、 f は女性名詞を示します　🎧12

☐ **école** f … 学校
　エコール

☐ **livre** m … 本
　リーヴル

☐ **fruit** m … 果物
　フリュイ

☐ **arbre** m … 木
　アルブル

UNITÉ 1 🎧13

公式 1 名詞の性・数一致

フランス語の名詞には「男性名詞」と「女性名詞」があります。自然性を持つ名詞は男女の区別が文法上の性と一致します (père「父」＝男性名詞、mère「母」＝女性名詞、など)。そして、無生物や抽象名詞なども男性名詞か女性名詞のどちらかに分類されます。

男性名詞	女性名詞
père　父 ペール	**mère**　母 メール
arbre　木 アルブル	**chaise**　いす シェーズ

複数形は単数形に s を付けるのが原則です。この s は読まれないので発音は単数形と変わりません。

|| **fruit**
フリュイ | ➡ | **fruits**　果物
フリュイ |

もともと s、x、z で終わる名詞は複数になっても s を付けません。

|| **fils** [fis]
フィス | ➡ | **fils**　息子
フィス | 発音に注意、例外です |
|| **nez**
ネ | ➡ | **nez**　鼻
ネ ||

公式 2 不定冠詞

不定冠詞は不特定の数えられる名詞や、聞き手に初めて提示される名詞に付きます。

	単数	複数
男性形	**un** エン	**des** デ
女性形	**une** ユヌ	

単数の un、une は「ある一つの」、複数の des は「いくつかの」という意味ですが、文章中では訳さない方が自然な場合もあります。

un livre エン リーヴル	1冊の本	
des fruits デ フリュイ	いくつかの果物	

不定冠詞の後に、母音や無音のhで始まる名詞が続くときは、リエゾン、アンシェヌマンに注意してください (p. 24参照)。

un‿ami エンナミ	[œ̃nami]	一人の（男の）友達
une⁀amie ユナミ	[ynami]	一人の（女の）友達
des‿arbres デザルブル	[dezarbr]	何本かの木、木々

> 「何本かの」というと少なく感じますが、どんなに数が多くても不特定であれば des arbres と言えます。

公式3 「ここに～があります」

Voilà ～は目の前にあるものを指し示して「ここに～があります」と言う表現です。Voilà の後には単数の名詞が来ても複数の名詞が来ても構いません。

Voilà une voiture. ヴォワラ ユヌ ヴォワチュール	ここに車が1台あります。
Voilà des‿hôtels. ヴォワラ デ ゾテル	ここにいくつかのホテルがあります。

> voilà に似た表現で voici というのもあります。もともとは voici は近いものを、voilà は遠いものを指すときに使っていましたが、現在では距離に関係なく voilà を使うのが一般的です。

UNITÉ 1

練習問題 不定冠詞と名詞の性・数

▶練習1　例にならって、＿＿＿ に適当な不定冠詞（un, une, des）を入れましょう。男性名詞は m 、女性名詞は f と指定してあります。

例	＿＿＿ café, s'il vous plaît.	➡	Un café, s'il vous plaît.

例　＿＿＿ café, s'il vous plaît. ➡ Un café, s'il vous plaît.
　　カフェ　スィル　ヴ　プレ　　　　　エン　カフェ　スィル　ヴ　プレ
　（コーヒー m）（～ください）　　　　コーヒーを1杯ください。

① ＿＿＿＿ croissant, s'il vous plaît.
　　　　　クルォワッサン　スィル　ヴ　プレ
　　　　　　　m

② ＿＿＿＿ bière, s'il vous plaît.
　　　　　ビエール　スィル　ヴ　プレ
　（ビール f ）

③ ＿＿＿＿ oranges, s'il vous plaît.
　　　　　オランジュ　スィル　ヴ　プレ
　（オレンジ f ）

④ ＿＿＿＿ brioches et ＿＿＿＿ thé, s'il vous plaît.
　　　　　ブリオッシュ　エ　　　　　　テ　スィル　ヴ　プレ
　　　　　　f　　　　　　　　　　　（紅茶 m）

▶練習2　例にならって、正しいものに〇を付けましょう。

例	[Un / Une / Des] thé, s'il vous plaît.

例　[Un / Une / Des] thé, s'il vous plaît.
　　エン　ユヌ　デ　テ　スィル　ヴ　プレ
　紅茶を1杯ください。

① Voilà [un / une / des] restaurants.
　ヴォワラ　　　　　　　　　　　　レストラン
　　　　　　　　　　　　　　　（レストラン m）

② Attention ! [Un / Une / Des] voiture !
　アタンスィヨン　　　　　　　　　　ヴォワチュール
　（危ない！）　　　　　　　　　　　（車 f ）

③ [Un / Une / Des] chocolat chaud, s'il vous plaît.
　　　　　　　　　　ショコラ　ショ　スィル　ヴ　プレ
　　　　　　　　　　（ココア m）

解答と解説

▶ 練習1

① **Un** croissant, s'il vous plaît.
　　エン　クルォワッサン　スィル　ヴ　プレ
クロワッサンを一つください。

② **Une** bière, s'il vous plaît.
　　ユヌ　ビエール　スィル　ヴ　プレ
ビールを1杯ください。

③ **Des** oranges, s'il vous plaît.
　　デ　ゾランジュ　スィル　ヴ　プレ
（いくつかの）オレンジをください。

④ **Des** brioches et un thé, s'il vous plaît.
　　デ　ブリオッシュ　エ　エン　テ　スィル　ヴ　プレ
（いくつかの）ブリオッシュと（1杯の）紅茶をください。

▶ 練習2

① Voilà [un / une / (**des**)] restaurants.
　ヴォワラ　　　　　　デ　　　　　　　レストラン
ここに（いくつかの）レストランがあります。

② Attention ! [Un / (**Une**) / Des] voiture !
　アタンスィヨン　　　　　　ユヌ　　　　　　ヴォワチュール
危ない！（1台の）車だ！

③ [(**Un**) / Une / Des] chocolat chaud, s'il vous plaît.
　　エン　　　　　　　　　ショコラ　　ショ　スィル　ヴ　プレ
ココアを1杯ください。

Colonne　　**名詞の性の見分け方**

　フランス語の名詞の性は冠詞をつけて個別に覚えるしかないのでしょうか。実は語尾を見ただけで見分けられるものも一部はあります。例えば -tion や -té で終わる名詞は女性名詞、-ment や -age で終わる名詞は男性名詞です（image「画像・映像」は例外）。ただし -ment で終わる単語には副詞もあるので注意しましょう。また、acteur「俳優」actrice「女優」や chanteur「男性歌手」chanteuse「女性歌手」のように、職業名などを表す名詞は語尾で男性・女性を示すことがあります。大学生の男女はそれぞれ étudiant、étudiante で、形容詞と同じですから分かりやすいでしょう。

定冠詞・C'est~ / Ce sont~
▶これはピエールの鉛筆です

定冠詞と「これは〜です」という言い方を学びます。

❶ Voilà un crayon.
ヴォワラ　エン　クレヨン

C'est le crayon de Pierre.
セ　ル　クレヨン　ドゥ　ピエール
<u>1</u>　<u>2</u>　　　　<u>3</u>

> 1 C'est~ ＋単数名詞「これは〜です」
> 2 男性名詞の定冠詞
> 3 「〜の」を意味する前置詞

❷ Voilà la maison de Monsieur
ヴォワラ　ラ　メゾン　ドゥ　ムスィュー
　　　　　<u>4</u>　　　　　　<u>5</u>

Durand.
デュラン

> 4 女性名詞の定冠詞
> 5 Monsieur [məsjø] 発音に注意、例外です

❸ Voilà des enfants.
ヴォワラ　デ　ザンファン

Ce sont les enfants de Marie.
ス　ソン　レ　ザンファン　ドゥ　マリー
<u>6</u>　　<u>7</u>

> 6 Ce sont ＋複数名詞「これは〜です」
> 7 複数名詞の定冠詞

❹ Voilà l'Opéra.
ヴォワラ　ロペラ
　　　　<u>8</u>

> 8 次の単語が母音で始まるとき、le は l' となります

📝 学習のポイント

- 定冠詞 le / la / les
- C'est〜 / Ce sont〜「これは〜です」

日本語訳

❶ ここに鉛筆があります。

　これはピエールの鉛筆です。

❷ ここにデュラン氏の家があります。

❸ ここに子供たちがいます。

　これはマリーの子供たちです。

❹ ここにオペラ座があります。

Vocabulaire

🎧15

☐ **crayon** m クレヨン	…	鉛筆
☐ **maison** f メゾン	…	家
☐ **Monsieur~** m ムスィユー	…	〜氏
☐ **enfant** m アンファン	…	子供
☐ **Opéra** m オペラ	…	オペラ座

🎧 16

	単数	複数
男性形	le (l') ル	les レ
女性形	la (l') ラ	

☞ 母音字と無音の h (p.21参照) で始まる語の前では le、la は l' となります。

　定冠詞は特定された名詞、例えばすでに話題に上った名詞がもう一度出たときや、de ~ 「~の」で限定されたときに使われます。

un chat（ある 1 匹の）猫　➡　**le chat**　その猫
エン　シャ 　　　　　　　　　　 　ル　シャ
〈不定冠詞〉　　　　　　　　　　　〈定冠詞〉

　初めて出る名詞でも、話し手と聞き手がともに分かっている物や人によって限定された名詞や、一つしかないもの、誰でも知っていると思われるものには定冠詞が付きます。

la maison de M. Durand
ラ　メゾン　ドゥ ﾑｼﾞｭー　デュラン
（わたしたちの知り合いの）デュラン氏の家

le Louvre（あの有名な）ルーヴル美術館
ル　ルーブル

le chien　（誰でも知っている）犬（という動物）
ル　シィエン

C'est～ / Ce sont～
「これ（それ、あれ）は～です」

C'est の後に単数名詞が、Ce sont の後には複数名詞が置かれ、「これは～です」という意味になります。

C'est‿un‿hôtel. これはホテルです。
  セ テン ノテル

C'est‿une^école. これは学校です。
  セ チュ ネコール

C'est la voiture de Mme Dupont. 　→ Madameの略
  セ ラ ヴォワチュール ドゥ マダム デュポン

これはデュポン夫人の車です。

Ce sont les lunettes de Paul. 　→ 「眼鏡」はレンズが二つなので複数
  ス ソン レ リュネットゥ ドゥ ポール

これはポールの眼鏡です。

UNITÉ 2

UNITÉ 2

練習問題 定冠詞・C'est 〜 / Ce sont 〜

▶練習1　例にならって C'est または Ce sont を入れましょう。

例 ____ un vélo.	➡	**C'est** un vélo.
エン ヴェロ		セ テン ヴェロ
（自転車）		これは（1台の）自転車です。

① _____ une pâtisserie.
　　　　　ユヌ　　　パチスリー
　　　　　　　（ケーキ屋）

② _____ des appartements.
　　　　　デ　　　ザパルトゥマン
　　　　　（アパルトマン、マンション）

③ _____ un cinéma.
　　　　　エン　　スィネマ
　　　　　　（映画館）

▶練習2　例にならって le、la、les、l'、de のうちで適当なものを入れましょう。

例 Ce sont ___ clés ___ Marie.	➡	Ce sont **les** clés **de** Marie.
ス ソン クレ マリー		ス ソン レ クレ ドゥ マリー
（鍵 **f**） （マリー）		これはマリーの鍵です。

① C'est ____ sœur ____ Pierre.
　　セ　　　　スール　　　　ピエール
　　　　　（姉妹 **f**）　（ピエール）

② Ce sont ____ parents ____ Nicolas.
　　ス　ソン　　　　パラン　　　　ニコラ
　　　　　　（両親 **m**）　（ニコラ）

③ C'est ____ frère ____ Karine.
　　セ　　　　フレール　　　カリヌ
　　　　　（兄弟 **m**）　（カリヌ）

解答と解説

▶練習 1

① C'est une pâtisserie.
　　セ　　　　チュヌ　　　パチスリー
これは（1軒の）ケーキ屋です。

② Ce sont des appartements.
　　ス　ソン　　デ　　　ザパルトゥマン
これらは（いくつかの）アパルトマンです。

③ C'est un cinéma.
　　セ　　　テン　スィネマ
これは映画館です。

UNITÉ 2

▶練習 2

① C'est la sœur de Pierre.
　　セ　　ラ　　スール　ドゥ　ピエール
これはピエールの姉妹です。

② Ce sont les parents de Nicolas.
　　ス　ソン　　レ　　パラン　　ドゥ　ニコラ
これはニコラの両親です。

③ C'est le frère de Karine.
　　セ　　ル　　フレール　ドゥ　カリヌ
これはカリヌの兄弟です。

Colonne **語学学習における文字と音**

　本を使って独学で外国語を学ぼうとするとどうしても音よりも文字を偏重することになりがちですが、フランス語に限らず何か外国語を学ぶときには、まずは音から入るのが理想的な方法です。

　発音編で述べたように、例えば「これは学校です」C'est une école. という文は、セ / チュ / ネ / コルの4つの音のまとまりからできていますが、音よりも先に字を見てしまうとどうしてもセ / チュヌ / エコルというまとまりを認識してしまいます。フランス語の音のまとまりは単語の垣根を越えて形成されるのが特徴で、まずはその音を繰り返して定着させ、文字を見てもそれに引きずられずに音が再生されるように練習するべきです。

主語人称代名詞と動詞 être
▶わたしは大学生です

「わたしは」「あなたは」などの主語人称代名詞と、
フランス語で最も使われる動詞 être を学びます。

🎧(17)

❶ Je suis étudiant.
ジュ　スュイ　　ゼチュディヤン

❷ Ils sont étudiants.
イル　　ソン　　　テチュディヤン

> **1** 主語に合わせて複数形にします

❸ Emma est à Paris.
エマ　　　エ　タ　　パリ

> **2** 「〜に」という場所を示す前置詞

❹ Elle est en voyage.
エ　　レ　　　タン　ヴォワィヤージュ

> **3** 「旅行中」という意味になります

学習のポイント

- ● 主語人称代名詞
- ● 動詞 être

日本語訳

❶ わたしは大学生です。

❷ 彼らは大学生です。

❸ エマはパリにいます。

❹ 彼女は旅行中です。

Vocabulaire

□ **je** … わたしは
　ジュ

□ **ils** … 彼らは
　イル

□ **elle** … 彼女は
　エル

□ **étudiant** Ⓜ … 大学生
　エチュディヤン

□ **en voyage** … 旅行中
　アン ヴォワィヤージュ

□ **à** … 〜に／〜で
　ア

公式6 **主語人称代名詞** (19)

フランス語で主語として使われる人称代名詞は次のものです。

	単数		複数	
1人称	je ジュ	わたしは	nous ヌ	わたしたちは
2人称	tu チュ	君、あなたは	vous ヴ	君たち、あなたたちは （あなたは）
3人称	il イル	彼は それは	ils イル	彼らは それらは
	elle エル	彼女は	elles エル	彼女らは

　2人称の tu は「親称」で、家族や友人、学生同士などの親しい関係の間で使われます。それ以外の人に対しては、相手が一人でも複数形の vous を「敬称」として用います。もちろん「敬称」で呼び掛ける相手が複数のときも vous です。

　3人称の「彼 (ら) は」、「彼女 (ら) は」は、それぞれ男性名詞、女性名詞を受けて「それ (ら) は」の意味でも使います。

　3人称複数の ils は、男性だけのときも、男女交ざっているときも使います。

公式 7 **動詞 être**

être は英語のbe動詞に当たり、「～である」「いる」という意味で、フランス語で最もよく使われる動詞です。よく使われる動詞ほど不規則な変化をするので、しっかり活用を覚えましょう。

être ～である・いる エトル			
je suis ジュ スュィ	わたしは～です	**nous sommes** ヌ ソム	わたしたちは～です
tu es チュ エ	君は あなたは～です	**vous‿êtes** ヴ ゼットゥ	君たちは あなたたちは～です （あなたは～です）
il‿est イ レ	彼は それは～です	**ils sont** イル ソン	彼らは それらは～です
elle‿est エ レ	彼女は それは～です	**elles sont** エル ソン	彼女らは それらは～です

être は「AはBです」という文を作るほかに、「いる、ある」という存在も表します。

Il‿est dans le jardin. 彼は庭にいます。
イ レ ダン ル ジャルデン

「～の中に」という意味の前置詞

「AはBです」の構文でAという人の身分や職業、国籍を表す場合、Bの名詞は無冠詞になります。

Il‿est Japonais. 彼は日本人です。
イ レ ジャポネ

無冠詞に注意

UNITÉ 3

練習問題 主語人称代名詞と動詞 être

▶ **練習1** 動詞 être を適当な形に活用しましょう。

> 例 Elle ___ fonctionnaire. ➡ Elle <u>est</u> fonctionnaire.
> エル フォンクスィヨネール エ レ フォンクスィヨネール
> （公務員） 彼女は公務員です。

① Je _____ Japonais.
ジュ ジャポネ
（日本人）

② Nous _____ Chinois.
ヌ シヌォワ
（中国人）

③ Ils _____ en vacances.
イル アン ヴァカンス
（休暇中である）

④ Vous _____ en retard.
ヴ アン ルタール
（遅れている）

▶ **練習2** 例にならって文を完成させましょう。

> 例 ___ ___ à Rome. （彼女） ➡ <u>Elle est</u> à Rome.
> ア ローム エ レ タ ローム
> （ローマ） 彼女はローマにいます。

① ___ ___ étudiant. （わたし）
エチュディヤン
（大学生）

② ___ ___ amis. （彼ら）
アミ
（友人）

③ ___ ___ Japonais. （わたしたち）
ジャポネ
（日本人）

④ ___ ___ chanteur. （彼）
シャントゥール
（歌手）

48

解答と解説

▶ 練習 1

① Je <u>suis</u> Japonais.
　ジュ　スュイ　　ジャポネ
　わたしは日本人です。

② Nous <u>sommes</u> Chinois.
　ヌ　　　ソム　　　シヌォワ
　わたしたちは中国人です。

③ Ils <u>sont</u> en vacances.
　イル　ソン　タン　　ヴァカンス
　彼らは休暇中です。

④ Vous <u>êtes</u> en retard.
　ヴ　　ゼッ　　タン　ルタール
　あなた（方）は遅刻しています。

▶ 練習 2

① <u>Je</u> <u>suis</u> étudiant.
　ジュ　スュイ　エチュディヤン
　わたしは大学生です。

② <u>Ils</u> <u>sont</u> amis.
　イル　ソン　タミ
　彼らは友人です。

③ <u>Nous</u> <u>sommes</u> Japonais.
　　ヌ　　　ソム　　ジャポネ
　わたしたちは日本人です。

④ <u>Il</u> <u>est</u> chanteur.
　イ　レ　シャントゥール
　彼は歌手です。

「はい」「いいえ」で答える疑問文
▶あれは教会ですか?

疑問文の作り方を学びます。 疑問文には3種類の作り方があります。

❶ — C'est‿une‿église ?
　　セ　　チュ　　ネグリーズ
　　　　　　　　　　1

> **1** 文末のイントネーションをあげます

— Oui, c'est‿une‿église.
　ウィ　　セ　　チュ　ネグリーズ
　　2

> **2** 「はい」は、oui です

❷ — Est-ce que c'est‿un‿hôtel ?
　　エ　ス　ク　　セ　　テン　　ノテル
　　　　　3

> **3** Est-ce que ＋ 平叙文

— Non, c'est‿un‿hôpital.
　ノン　　セ　　テン　　ノピタル
　　4

> **4** 「いいえ」は、non です

❸ — Est‿il médecin ?
　　エ　チル　　メドゥセン
　　　5

> **5** Est-il 主語と動詞を倒置し、(-) でつなぎます

— Oui, il‿est médecin.
　ウィ　イ　レ　　メドゥセン

学習のポイント

● 「はい」「いいえ」で答える疑問文の3つの作り方

日本語訳

❶ — あれは教会ですか？

　 — はい、あれは教会です。

❷ — これはホテルですか？

　 — いいえ、これは病院です。

❸ — 彼は医者ですか？

　 — はい、彼は医者です。

Vocabulaire

21

□ **oui** … はい
　ウィ

□ **non** … いいえ
　ノン

□ **église** f … 教会
　エグリーズ

□ **hôpital** m … 病院
　オピタル

□ **médecin** m … 医者
　メドゥセン

公式 8 疑問文の作り方

　フランス語には、平叙文を疑問文に変える方法として、次の三つの形式があります。

Ⅰ. 文末のイントネーションを上げる

| Il‿est‿étudiant. | 彼は大学生です。 |
| イ　レ　テチュディヤン | |

↓

| Il‿est‿étudiant ？（↗） | 彼は大学生ですか？ |
| イ　レ　テチュディヤン | |

　平叙文の文末のイントネーションを上げるだけで疑問文を作ることもできます。この形式は、くだけた日常会話でよく用いられます。書く場合は最後に疑問符（？）を付けます。

Ⅱ. 文頭に Est-ce que を付ける

> que + il エリズィヨン
> に注意 (p.25参照)

| Il‿est‿étudiant. | 彼は大学生です。 |
| イ　レ　テチュディヤン | |

↓

| Est-ce qu'il‿est‿étudiant ？ | 彼は大学生ですか？ |
| エ　ス　キ　レ　テチュディヤン | |

　Est-ce que の後には平叙文をそのまま置くだけです。日本語で「〜です」を疑問文にするには「〜ですか」と文末に「か」を加えるのと同様に、フランス語では Est-ce que を文頭に加えるのです。

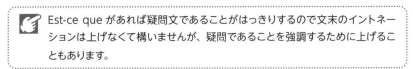

　Est-ce que があれば疑問文であることがはっきりするので文末のイントネーションは上げなくて構いませんが、疑問であることを強調するために上げることもあります。

Ⅲ．倒置形

Il‿est‿étudiant.　　彼は大学生です。
　イ　レ　　テチュディヤン

↓

Est‿il‿étudiant ?　　彼は大学生ですか？
　エ　チ　レチュディヤン

主語である代名詞と、動詞とを倒置し、トレ・デュニョン (-) でつなぐことによって倒置疑問文ができます。書き言葉では一般的にこの形式が使われます。会話で用いると、改まった丁寧な言い方になります。

> ☞ C'est~ は倒置疑問文では Est-ce~ となりますが、Ce sont~ は Sont-ce という形にはしません。

> ☞ 主語が代名詞でなく名詞のときは、文頭に名詞を残し、それをもう一度代名詞にして倒置します。
>
> Catherine est‿à Paris.　　カトリーヌはパリにいます。
> 　カトリヌ　　エ　タ　パリ
>
> ↓
>
> Catherine est‿elle‿à Paris ?　カトリーヌはパリにいますか？
> 　カトリヌ　　エ　テ　ラ　パリ

Colonne　フランス語のアクセント

　「発音編」で、フランス語のアクセントはリズムグループの最後の音節にあることは述べましたが、ここで一つ注意すべきことがあります。それは日本語とフランス語のイントネーションの違いです。たとえば日本語の「雨」と「飴」の場合、標準語のアクセントは前者が「ア」の上、後者が「メ」の上にありますが、その際「ア」または「メ」全体の音程が高くなります。一つの文になっても、「彼はパリにいますか？」の最後の「か」全体の音程が高いのですが、フランス語では Il est à Paris?〈イレタパリ？〉という場合、最後のパリの「リ」にアクセントがあり音程が高くなる点は同じでも、「リ」全体ではなく前半はむしろ低く、後半カーブを描いて上がってゆきます。日本語は鍵盤楽器、フランス語は弦楽器のイメージといえばよいでしょうか。

UNITE 4

練習問題 疑問文

▶練習1　例にならって3通りの疑問文を作りましょう。

> 例 il / être / célibataire / ?　➡　Il est célibataire ?
> 　　　　（独身の）　　　　　　　　　イ　レ　　セリバテール
> 　　　　　　　　　　　➡　Est-ce qu'il est célibataire ?
> 　　　　　　　　　　　　　エ　ス　キ　レ　　セリバテール
> 　　　　　　　　　　　➡　Est-il célibataire ?
> 　　　　　　　　　　　　　エ　チル　セリバテール
> 　　　　　　　　　　　彼は独身ですか？

① vous / être / Américain / ?
　　　　　　　（アメリカ人）

➡ _____

➡ _____

➡ _____

② Mathieu / être / directeur / ?
　　　　　　　　　　（社長）

➡ _____

➡ _____

➡ _____

③ ce / être / un dictionnaire / ?
　　　　　　　　　（辞書）

➡ _____

➡ _____

➡ _____

解答と解説

▶練習1

① vous / être / Américain / ?

➡ Vous êtes Américain ?
　　ヴ　　ゼッ　　　タメリケン

➡ Est-ce que vous êtes Américain ?
　　エ　ス　ク　　ヴ　　ゼッ　　　タメリケン

➡ Êtes-vous　Américain ?
　　エットゥ　　ヴ　　　アメリケン
あなたはアメリカ人ですか？

② Mathieu / être / directeur / ?

➡ Mathieu est directeur ?
　　マチュー　　エ　ディレクトゥール

➡ Est-ce que Mathieu est directeur ?
　　エ　ス　ク　マチュー　　エ　ディレクトゥール

➡ Mathieu est-il directeur ?
　　マチュー　　エチル　ディレクトゥール
マチューは社長ですか？

③ ce / être / un dictionnaire / ?

➡ C'est un dictionnaire ?
　　セ　　テン　ディクスィヨネール

➡ Est-ce que c'est un dictionnaire ?
　　エ　ス　ク　セ　テン　ディクスィヨネール

➡ Est-ce un dictionnaire ?
　　エ　ス　エン　ディクスィヨネール
これは辞書ですか？

「何」「誰」の疑問文

▶これは何ですか?

自分の知らない物や人が何であるか、誰であるかを
尋ねる言い方を学びます。

❶ — **Qu'est-ce que c'est ?**
　　　ケ　　　　　ス　　ク　　　　セ
　　　<u>　１　</u>

> **1** Que「何」+ est = Qu'est

　　— **C'est un cadeau.**
　　　セ　　　テン　　　カドー

❷ — **Qu'est-ce que c'est ?**
　　　ケ　　　　　ス　　ク　　　　セ

　　— **Ce sont des médicaments.**
　　　ス　　ソン　　　デ　　　　メディカマン

❸ — **Qui est-ce ?**
　　　キ　　　エ　　ス
　　　<u>　２　</u>

> **2** Qui「誰」

　　— **C'est Mlle Legrand.**
　　　セ　　　マドゥムオワゼル　　　ルグラン
　　　　　　　<u>　　３　　</u>

> **3** Mlle は、Mademoiselle の略です

56

> **学習のポイント**
> ● 何 (que) を尋ねる疑問文の作り方
> ● 誰 (qui) を尋ねる疑問文の作り方

日本語訳

❶ — これは何ですか？

　— これはプレゼントです。

❷ — それは何ですか？

　— これは薬です。

❸ — あれは誰ですか？

　　— ルグランさんです。

Vocabulaire

疑問代名詞	名詞	🎧 24
□ **que** … 何 ク	□ **cadeau** ⓜ カドー	… プレゼント
□ **qui** … 誰 キ	□ **médicament** ⓜ メディカモン	… 薬
	□ **Mademoiselle ~** ⓕ マドゥムォワゼル	… ～さん (未婚の女性)

57

UNITÉ 5

公式 9 「これは何ですか?」

「これは〜です」C'est 〜という文を元に、「これ (それ、あれ) は何ですか?」 と尋ねる文を作ります。

「〜です」の「〜」の部分に、「何」を意味する que を当てはめ、est-ce que を 使った疑問文にするのですが、尋ねたいことの中心は「何」なので、これを文頭 に置きます。

× **Est-ce que c'est que ?**

○ **Qu'est-ce que c'est ?**
　 Que + est
　 ケ　　ス　　ク　　セ

尋ねたい物が単数でも複数でもこの形のまま使えます。ただし答えは、単数 なら c'est 〜、複数なら ce sont 〜です。

倒置疑問形は Qu'est-ce ? となりますが、この形はほとんど使われません。ま た、イントネーションによる疑問文を作るときは C'est que ? ではなく C'est quoi ? (セクォワ) となります。que [kə] という音を支える弱母音 [ə] にはア クセント (強勢) を置くことはできないので、アクセントが置かれるべき文末で は que の強勢形 quoi が使われます。C'est quoi ? は日常よく用いられる口 語的な表現です。

公式 10 「あれは誰ですか?」

　C'est ～という言い方を元に、「これ (それ、あれ) は誰ですか?」と尋ねる文を作るには、est-ce que の形は使わずに、c'est を倒置形にして文頭に「誰」を意味する qui を置きます。

　複数の人について尋ねるときも同じ形のまま使えますが、答えが複数形のときは ce sont ～となります。

Qui est-ce ?　　　　　　　　　　あの人たちは誰ですか?
　キ　　エ　　ス

Ce sont les frères de Sabine.　サビーヌの兄弟です。
　ス　　ソン　　レ　フレール　ドゥ　サビーヌ

□語的な会話表現では c'est を倒置せずに後ろに qui を置き、文末のイントネーションを上げて C'est qui ? という言い方も使われます。

UNITÉ 5

UNITÉ 5

練習問題 これは何ですか？・あれは誰ですか？

▶練習1　例にならって下線部を問う疑問文を作りましょう。

例 C'est <u>un cadeau</u>.
　セ　テン　カドー
　これはプレゼントです。

➡ <u>Qu'est-ce que c'est ?</u>
　　ケ　ス　ク　セ
　　これは何ですか？

---

① **C'est <u>un médicament</u>.**
　　セ　テン　メディカマン
　　　　　　　（薬）

➡ _____

② **C'est <u>Mlle Moussa</u>.**
　　セ マドゥムォワゼル　ムサ
　　　　　（ムサさん）

➡ _____

③ **Ce sont <u>des fruits</u>.**
　　ス　ソン　デ　フリュイ
　　　　　　　（果物）

➡ _____

▶練習2　例にならって oui を使って答えましょう。

例 Qu'est-ce que c'est ? Un livre ?
　ケ　ス　ク　セ　エン リーヴル
　これは何ですか？　本ですか？

➡ <u>Oui, c'est un livre.</u>
　　ウィ　セ　テン リーヴル
　　はい、これは本です。

---

① **Qu'est-ce que c'est ? Un appareil photo ?**
　　ケ　ス　ク　セ　エン　ナパレーユ　フォト
　　　　　　　　　　　　　（カメラ）

➡ _____

② **Qu'est-ce que c'est ? Des bureaux ?**
　　ケ　ス　ク　セ　デ　ビュロー
　　　　　　　　　　　（オフィス）

➡ _____

解答と解説

▶練習1

① C'est un médicament.　これは薬です。
　セ　テン　メディカマン

　➡ Qu'est-ce que c'est ?　これは何ですか？
　　ケ　ス　ク　セ

② C'est Mlle Moussa.　あれはムサさんです。
　セ マドゥムォワゼル　ムサ

　➡ Qui est-ce ?　あれは誰ですか？
　　キ　エ　ス

③ Ce sont des fruits.　これは（いくつかの）果物です。
　ス　ソン　デ　フリュイ

　➡ Qu'est-ce que c'est ?　これは何ですか？
　　ケ　ス　ク　セ

▶練習2

① Qu'est-ce que c'est ? Un appareil photo ?
　ケ　ス　ク　セ　エン　ナパレーュ　フォト
これは何ですか？　カメラですか？

　➡ Oui, c'est un appareil photo.　はい、これはカメラです。
　　ウィ　セ　テン　ナパレーュ　フォト

② Qu'est-ce que c'est ? Des bureaux ?
　ケ　ス　ク　セ　デ　ビュロー
これは何ですか？　オフィス（事務所）ですか？

　➡ Oui, ce sont des bureaux.　はい、これはオフィスです。
　　ウィ　ス　ソン　デ　ビュロー

▶練習1　例にならって適切な不定冠詞か定冠詞を入れて文を完成させましょう。

> 例　— C'est une tour ?　➡　— Oui, c'est **la** tour Montparnasse.
> 　　　セ　チュヌ　トゥール　　　　　　　ウィ　　セ　ラ　トゥール　　　モンパルナス
> 　　これは（一つの）タワーですか？　はい、これはモンパルナスタワーです。

① _____ thé, s'il vous plaît.
　　　テ　スィル　ヴ　プレ

② C'est _____ appartement de Pierre ?
　　セ　　　　　　アパルトマン　ドゥ　ピエール

③ Voilà _____ parents de Manon.
　ヴォワラ　　　　パラン　ドゥ　マノン

▶練習2　例にならって、c'est / ce sont を入れて文を完成させましょう。

> 例　_____ le livre de Paul ?　➡　**C'est** le livre de Paul ?
> 　　ル　リーヴル　ドゥ　ポール　　　　セ　ル　リーヴル　ドゥ　ポール
> 　　　　　　　　　　　　　　　　　これはポールの本ですか？

① — Est-ce que _____ les enfants de M. Blanchet ?
　　エ　ス　ク　　　　　　レ　ザンファン　ドゥ　ムスィユー　ブランシェ

　 — Non, _____ les enfants de M. Bernard.
　　ノン　　　　　レ　ザンファン　ドゥ　ムスィユー　ベルナール

② — Est-ce que _____ Paris ?
　　エ　ス　ク　　　　　　パリ

　 — Non, _____ une photo de Nantes.
　　ノン　　　　　ユヌ　フォト　ドゥ　ナントゥ

③ _____ des cadeaux pour vous.
　　　　デ　カドー　プール　ヴ

▶練習3　例にならって、動詞 être の適切な活用を入れて文を完成しましょう。

> 例　Je _____ Japonais.　➡　Je **suis** Japonais.
> 　　ジュ　　　　ジャポネ　　　　ジュ　スュイ　ジャポネ
> 　　　　　　　　　　　　　　　わたしは日本人です。

① — Est-ce que vous _____ Anglais ?
　　エ　ス　ク　ヴ　　　　　　アングレ

　 — Non, je _____ Irlandais.
　　ノン　ジュ　　　　　イルランデ
　　（アイルランド人）

② Nous _____ enfin en vacances !
ヌ　　　　　　　　　アンフェン アン　　ヴァカンス
（やっと）

③ Tu _____ étudiante ?
チュ　　　　　　　エチュディヤントゥ

▶練習 4　例にならって、適切な文になるように並べ替えましょう。

例 êtes / étudiante ? / Est- / ce / vous / que

➡ __Est-ce que vous êtes étudiante ?__　あなたは大学生ですか？
　　エ　ス　ク　ヴ　ゼッ テチュディヤントゥ

---

① que / êtes / Est- / Français ? / ce / vous
ク　　エットゥ　　エ　　　　フランセ　　ス　　　ヴ

➡ _____

② ce / Monsieur / est / Est- / Blanc / boulanger ? / que
ス　　ムスィユー　　エ　　エ　　　ブラン　　　ブランジェ　　　ク

➡ _____

③ Nicole ? / frère / le / vous / de / Êtes-
ニコル　　　フレール　ル　ヴ　　ドゥ　エットゥ

➡ _____

▶練習 5　答えに合うように Qui est-ce ? / Qu'est-ce que c'est ? のど
　　　　　ちらかを入れましょう。

例 — _____ — C'est le frère de Masako. ➡ — __Qui est-ce ?__
　　　　　　　　　　　セ ル フレール ドゥ　マサコ　　　　　　　　　　キ エ ス
　　　　　　　　　　　マサコのお兄さんです。　　　　　　　　　　誰ですか？

---

① — _____ — C'est un ordinateur.
　　　　　　　　　　　セ　テン ノルディナトゥール
　　　　　　　　　　　　　（パソコン）

② — _____ — Ce sont les parents de Nicolas.
　　　　　　　　　　　ス　ソン　レ　パラン　ドゥ　ニコラ

③ — _____ — Ce sont des roses.
　　　　　　　　　　　ス　ソン　デ　　ローズ
　　　　　　　　　　　　　（バラ）

▶練習1

① <u>Un</u> thé, s'il vous plaît.　お茶を１杯ください。
　エン　テ　スィル　ヴ　プレ

② C'est <u>l'</u>appartement de Pierre ?　これはピエールのアパルトマンです。
　セ　　　ラパルトマン　　ドゥ　ピエール

③ Voilà <u>les</u> parents de Manon.　こちらがマノンのご両親です。
　ヴォワラ　レ　　パラン　ドゥ　　マノン

▶練習2

① — Est-ce que <u>ce sont</u> les enfants de M. Blanchet ?
　　エ　ス　ク　ス　ソン　　レ　　ザンファン　ドゥ ムスィュー　ブランシェ
　　彼らはブランシェさんのお子さんですか？

　　— Non, <u>ce sont</u> les enfants de M. Bernard.
　　　ノン　ス　ソン　　レ　　ザンファン　ドゥ ムスィュー　ベルナール
　　いいえ、彼らはベルナールさんのお子さんです。

② — Est-ce que <u>c'est</u> Paris ?
　　エ　ス　ク　セ　　パリ
　　これはパリ（の写真）ですか？

　　— Non, <u>c'est</u> une photo de Nantes.
　　　ノン　　セ　チュヌ　フォト　ドゥ　　ナントゥ
　　いいえ、それはナントの写真です。

③ <u>Ce sont</u> des cadeaux pour vous.
　ス　ソン　デ　カドー　　プール　ヴ
　これらはあなたへのプレゼントです。

▶練習3

① — Est-ce que vous <u>êtes</u> Anglais ?
エ ス ク ヴ ゼットゥ アングレ
あなたはイギリス人ですか？

— Non, je <u>suis</u> Irlandais.
ノン ジュ スュイ イルランデ
いいえ、わたしはアイルランド人です。

② Nous <u>sommes</u> enfin en vacances !
ヌ ソム アンフェン アン ヴァカンス
わたしたちはやっと休暇になりました。

③ Tu <u>es</u> étudiante ?
チュ エ エチュディヤントゥ
君は大学生ですか？

▶練習4

① Est-ce que vous êtes Français ?
エ ス ク ヴ ゼットゥ フランセ
あなたはフランス人ですか？

② Est-ce que Monsieur Blanc est boulanger ?
エ ス ク ムスィュー ブラン エ ブランジェ
ブランさんはパン屋さんですか？

③ Êtes-vous le frère de Nicole ?
エットゥ ヴ ル フレール ドゥ ニコル
あなたはニコルの兄弟ですか？

▶練習5

① — <u>Qu'est-ce que c'est ?</u> — C'est un ordinateur.
ケ ス ク セ セ テン ノルディナトゥール
これは何ですか？ これはパソコンです。

② — <u>Qui est-ce ?</u> — Ce sont les parents de Nicolas.
キ エ ス ス ソン レ パラン ドゥ ニコラ
あれは誰ですか？ あれはニコラのご両親です。

③ — <u>Qu'est-ce que c'est ?</u> — Ce sont des roses.
ケ ス ク セ ス ソン デ ローズ
これは何ですか？ これはバラです。

Colonne **Salutations** あいさつ
サリュタスィオン

Bonjour. こんにちは。／ おはようございます。
ボンジュール

Bonsoir. こんばんは。／（晩に別れるときに）さようなら。
ボンスォワール

Salut ! やあ。／（別れるときに）じゃあね。
サリュ

Comment allez-vous ? / Comment vas-tu ? お元気ですか？
コマン　　　タレ　ヴ　　　　　　コマン　　ヴァ　チュ

Ça va ? 元気？
サ ヴァ

Je vais (très) bien. （とても）元気です。
ジュ ヴェ　トレ　ビエン

Ça va (très) bien. （とても）元気だよ。
サ ヴァ　トレ　ビエン

Au revoir. さようなら。
オ ルヴォワール

À bientôt. また近いうちに。
ア ビエント

À tout à l'heure. また後で。
ア トゥ タ ルール

À demain. また明日。
ア ドゥメン

Salut! と Ça va? は親しい間柄でのみ使います。
あいさつの後に Monsieur、Madame、Mademoiselle などを付けると丁寧な言い
ムスィュー　　　　　マダム　　　マドゥムォワゼル
方になります。

— **Bonjour, Monsieur.**
ボンジュール　　ムスィュー

— **Bonjour, Yuki. Comment allez-vous ?**
ボンジュール　ユキ　　コマン　　タレ　ヴ

— **Je vais bien. Et vous ?**
ジュ ヴェ　ビエン　エ ヴ

— **Je vais très bien.**
ジュ ヴェ　トレ　ビエン

— **Au revoir, Malik.**
オ ルヴォワール　マリック

— **Au revoir, Madame. À demain.**
オ ルヴォワール　マダム　ア ドゥメン

文法編②

続いて、否定文や形容詞を使った文などを学びます。
よく使われる動詞 avoir についても
基本をおさえましょう。

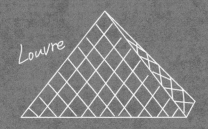

Louvre

否定文・否定疑問文
▶わたしは大学生ではありません

否定文・否定疑問文の作り方と、否定疑問文に対する答え方を学びます。

❶ **Je ne suis pas ͜ étudiant.**
ジュ　ヌ　　スュイ　　　パ　　　　　　ゼチュディヤン
_____
　　　　　　1

> 1 〈ne 動詞 pas〉で否定文をつくります

❷ **— Ce n'est pas ͜ un magasin ?**
　　　ス　　ネ　　　パ　　　ゼン　　　マガゼン

　　— Non, ce n'est pas ͜ un
　　　　ノン　　ス　　ネ　　　パ　　　ゼン
　　　___
　　　　2

> 2 「～ではないですか?」に対して「～ではないです」は、non と答えます

　　magasin.
　　　マガゼン

❸ **— N'est ͜ il pas professeur ?**
　　　ネ　　チル　　パ　　　プロフェスール

　　— Si, il ͜ est professeur.
　　　スィ　　イレ　　　プロフェスール
　　　__
　　　3

> 3 「～ではないですか?」に対して「～です」は、si と答えます

> **学習のポイント**
> ● 否定文・否定疑問文をつくる〈ne 動詞 pas〉
> ● 否定疑問文に対する答え方 non と si

日本語訳

❶ わたしは大学生ではありません。

❷ — ここはお店ではないのですか？

　— ええ、お店ではありません。

❸ — 彼は先生ではないのですか？

　— いいえ、彼は先生です。

> **Vocabulaire**
>
> □ ne ... pas　　… 〜ではありません　🎧27
> 　ヌ　　パ
> □ si　　　　　　… （否定疑問文に対して）いいえ
> 　スィ
> □ magasin ⓜ … 店
> 　マガゼン

69

公式11 否定文・否定疑問文の作り方

Ⅰ．否定文は動詞を ne と pas で挟むことによって作ります。

Je suis‿étudiant.
ジュ　スュイ　　ゼチュディヤン

わたしは大学生です。

↓

Je ne suis pas‿étudiant.
ジュ　ヌ　スュイ　パ　　ゼチュディヤン

わたしは大学生ではありません。

　動詞が母音字または無音の h で始まるときは ne がエリズィヨン (p.25参照) されて、n' になります。

Il n'est pas‿étudiant.　彼は大学生ではありません。
イル　ネ　　パ　　ゼチュディヤン

Ⅱ．否定疑問文は、イントネーションによる方法や est-ce que を使う場合
　　は上と同様に動詞を ne と pas で挟んで作りますが、倒置形の場合は倒
　　置された動詞と代名詞全体を ne と pas で挟みます。

Est‿il professeur ?　　彼は先生ですか？
エチル　　　プロフェスール

N'est‿il pas professeur ?　彼は先生ではないのですか？
ネ　チル　パ　　プロフェスール

否定疑問文に対する答え方

「～ではないのですか?」という否定疑問文に答えるときは、答えが否定文なら non で、肯定文なら si で始めます。この場合の non は日本語なら「はい」「ええ」、si は「いいえ」と訳した方が自然な感じです。

Il n'est pas étudiant ?
イル　ネ　パ　ゼチュディヤン
彼は大学生ではないのですか？

Non, il n'est pas étudiant.
ノン　イル　ネ　パ　ゼチュディヤン
ええ、大学生ではありません。

Si, il est étudiant.
スィ　イ　レ　テチュディヤン
いいえ、大学生です。

　つまり日本語の「はい」「いいえ」は相手の疑問全体を肯定したり否定したりしているのに対し、フランス語の si/non は自分の答えが肯定文か否定文かに対応しているのです。

UNITÉ 6

練習問題 **否定文・否定疑問文**

▶練習 1　例にならって否定文に変えましょう。

例 Je suis Chinois.　➡　<u>Je **ne** suis **pas** Chinois.</u>
ジュ スュイ シヌォワ　　　ジュ ヌ スュイ パ シヌォワ
わたしは中国人です。　　　わたしは中国人ではありません。

① **Il est Algérien.**
イ　レ　タルジェリエン
　　　　（アルジェリア人）

➡　_____

② **Nous sommes Allemands.**
ヌ　　　ソム　　　　ザルマン
　　　　　（ドイツ人）

➡　_____

③ **C'est un magazine.**
セ　テン　マガズィヌ
　　　　（雑誌）

➡　_____

④ **Ce sont des médicaments.**
ス　ソン　デ　　メディカマン
　　　　　　（薬）

➡　_____

▶練習 2　例にならって non を使って答えましょう。

例 Qu'est-ce que c'est ? Un château ?　➡　<u>**Non**, ce n'est **pas** un château.</u>
ケ　ス　ク　セ　エン　シャトー　　　　　ノン　ス ネ　パ ゼン シャトー
これは何ですか？　お城ですか？　　　　いいえ、これはお城ではありません。

① **Qu'est-ce que c'est ? Une gare ?**
ケ　ス　ク　セ　　ユヌ　ガール
　　　　　　　　　（駅）

➡　_____

72

② Est-ce que vous êtes professeur ?
エ ス ク ヴ ゼット プロフェスール

➡ _____

③ Est-ce qu'ils sont Canadiens ?
エ ス キル ソン カナディエン
(カナダ人)

➡ _____

▶ 練習3　例にならって non/si に続く文を作りましょう。

例 Elles ne sont pas Italiennes ? ➡ Non, <u>elles ne sont pas Italiennes.</u>
エル ヌ ソン パ イタリエヌ　　ノン エル ヌ ソン パ イタリエヌ
彼女たちはイタリア人ではないのですか？　ええ、イタリア人ではありません。

Ce n'est pas M. Delmas ? ➡ Si, <u>c'est M. Delmas.</u>
ス ネ パ ムスュー デルマス　スィ セ ムスュー デルマス
あれはデルマスさんではないのですか？　いいえ、デルマスさんです。

---

① Ce n'est pas le stylo de Simon ?
ス ネ パ ル スチロ ドゥ スィモン
(ペン) (シモン)

➡ **Non,** _____
ノン

② Ce ne sont pas les sandales de Manue ?
ス ヌ ソン パ レ サンダル ドゥ マニュ

➡ **Si,** _____
スィ

③ Il n'est pas Marocain ?
イル ネ パ マロケン
(モロッコ人)

➡ **Si,** _____
スィ

④ Tu n'es pas Française ?
チュ ネ パ フランセーズ

➡ **Non,** _____
ノン

UNITÉ 6

解答と解説

① Il est Algérien. 彼はアルジェリア人です。
　 イ　　レ　　タルジェリエン

→ <u>Il n'est pas Algérien.</u>　彼はアルジェリア人ではありません。
　 イル　 ネ　　 パ　ザルジェリエン

② Nous sommes Allemands. わたしたちはドイツ人です。
　 ヌ　　　ソム　　　　ザルマン

→ <u>Nous ne sommes pas Allemands.</u>
　 ヌ　　 ヌ　　ソム　 　パ　　　 ザルマン
わたしたちはドイツ人ではありません。

③ C'est un magazine. これは雑誌です。
　 セ　テン　マガズィヌ

→ <u>Ce n'est pas un magazine.</u>　これは雑誌ではありません。
　 ス　 ネ　　パ　ゼン　　マガズィヌ

④ Ce sont des médicaments. これは（いくつかの）薬です。
　 ス　ソン　デ　　　メディカマン

→ <u>Ce ne sont pas des médicaments.</u>
　 ス　ヌ　ソン　 パ　 デ　　　 メディカマン
これは薬ではありません。

① Qu'est-ce que c'est ? Une gare ? これは何ですか？　駅ですか？
　 ケ　　ス　 ク　 セ　　　ユヌ　ガール

→ <u>Non, ce n'est pas une gare.</u>　いいえ、これは駅ではありません。
　 ノン　ス　 ネ　　パ　ズュヌ ガール

② Est-ce que vous êtes professeur ? あなたは先生ですか？
　 エ　 ス　ク　 ヴ　 ゼットゥ　プロフェスール

→ <u>Non, je ne suis pas professeur.</u>
　 ノン　ジュ ヌ　スュイ　パ　　プロフェスール
いいえ、わたしは先生ではありません。

③ Est-ce qu'ils sont Canadiens ? 彼らはカナダ人ですか？
　 エ　 ス　 キル　ソン　カナディエン

→ <u>Non, ils ne sont pas Canadiens.</u>
　 ノン　イル ヌ　 ソン　 パ　　カナディエン
いいえ、彼らはカナダ人ではありません。

▶ 練習3

① Ce n'est pas le stylo de Simon ?
ス　ネ　パ　ル　スチロ　ドゥ　スィモン
これはシモンのペンではないのですか？

➡ **Non,** ce n'est pas le stylo de Simon.
ノン　ス　ネ　パ　ル　スチロ　ドゥ　スィモン
ええ、シモンのペンではありません。

② Ce ne sont pas les sandales de Manue ?
ス　ヌ　ソン　パ　レ　サンダル　ドゥ　マニュ
これはマニュのサンダルではないのですか？

➡ Si, ce sont les sandales de Manue.
スィ　ス　ソン　レ　サンダル　ドゥ　マニュ
いいえ、マニュのサンダルです。

③ Il n'est pas Marocain ?　　彼はモロッコ人ではないのですか？
イル　ネ　パ　マロケン

➡ Si, il est Marocain.　　いいえ、モロッコ人です。
スィ　イレ　マロケン

④ Tu n'es pas Française ?　　君はフランス人ではないのですか？
チュ　ネ　パ　フランセーズ

➡ Non, je ne suis pas Française.　　ええ、フランス人ではありません。
ノン　ジュ　ヌ　スュイ　パ　フランセーズ

UNITÉ
6

75

UNITÉ 7

形容詞
▶それはいい考えだ

形容詞にも、男性形と女性形、単数形と複数形があります。修飾する名詞に合わせて、語尾を変化させます。

❶ Je suis japonais.
ジュ スュイ ジャポネ

> **1** 名詞・代名詞の性と形容詞の性を一致させます。

❷ C'est‿une‿actrice française.
セ チュ ナクトリス フランセーズ
1、2

> **2** C'est~ の構文では、職業や国籍にも不定冠詞がつきます。

❸ C'est bon !
セ ボン
3

> **3** C'est の直後に形容詞を置く場合、常に男性単数形です。

❹ Il‿est gentil.
イレ ジャンチ

> **4** 名詞の前に形容詞がつく場合もあります。

❺ C'est‿une bonne‿idée.
セ チュヌ ボニデ
4

☞ 大文字で始まる Japonais、Français は「日本人」「フランス人」という名詞ですが、小文字で始まる japonais、français は「日本の、日本人の」「フランスの、フランス人の」という形容詞です。「わたしは日本人です」は形容詞を使っても名詞を使っても言えます。

学習のポイント

● 形容詞の語尾変化を覚える

日本語訳

❶ わたしは日本人です。

❷ その人はフランス人の女優です。

❸ これはおいしい！

❹ 彼は親切だ。

❺ それはいい考えだ。

UNITE 7

Vocabulaire

名詞

□ actrice f … 女優
　アクトリス

□ idée f … 考え
　イデ

形容詞 m は男性形、f は女性形

□ japonais m, japonaise f … 日本の、
　ジャポネ 　　ジャポネーズ 　　　日本人の

□ français m, française f … フランスの、
　フランセ 　　フランセーズ 　　　フランス人の

□ bon m, bonne f … よい、おいしい
　ボン 　　ボヌ

□ gentil m, gentille f … 親切な
　ジャンチ 　ジャンチーユ

77

UNITÉ 7

公式 13　形容詞の性・数

(31)

　形容詞は、修飾する名詞や代名詞の性・数に合わせて語尾変化をします。

　原則として男性単数形に e を付けると女性単数形になり、それぞれに s を付けると複数形になります。

形容詞 grand「大きい」の変化
グラン

	単数	複数
男性	grand グラン	grands グラン
女性	grande グランドゥ	grandes グランドゥ

　男性単数形が発音されない子音字で終わっている形容詞は、女性形になると発音が変わります。

男性		**女性**
grand グラン	➡	grande グランドゥ
japonais ジャポネ	➡	japonaise ジャポネーズ

　もともと e で終わっている形容詞は男女同形です。

男性		**女性**	
rouge ルージュ	➡	rouge ルージュ	赤い
suisse スュイス	➡	suisse スュイス	スイスの

　また、女性形を作る際に語末のつづりが多少変わるものもあります。

男性		**女性**	
bon ボン	➡	bonne ボヌ	よい、おいしい
italien イタリエン	➡	italienne イタリエヌ	イタリアの

premier プルミエ	➡	**première** プルミエール	最初の
heureux ウルー	➡	**heureuse** ウルーズ	幸せな
attentif アタンチフ	➡	**attentive** アタンチヴ	注意深い
blanc ブラン	➡	**blanche** ブランシュ	白い
doux ドゥー	➡	**douce** ドゥース	甘い、柔らかい
gentil ジャンチ	➡	**gentille** ジャンチーュ	親切な

 ## 公式14 形容詞の位置

　形容詞は動詞 être を使った「AはBです」という構文のBの位置（属詞）に来る場合と、名詞に直接付けられる場合とがあります。名詞に直接付くときは名詞の後に置くのが原則ですが、次のような日常よく使われるいくつかの形容詞は名詞の前に置きます。

bon ボン	よい、おいしい	**mauvais** モヴェ	悪い、まずい
jeune ジュヌ	若い	**vieux** ヴィュー	年取った
grand グラン	大きい	**petit** プチ	小さい
beau ボー	美しい		
joli ジョリ	かわいい、きれいな		

 名詞の前に置かれたときと後に置かれたときでは意味の変わる形容詞もあります。

　un grand‿homme　偉人
　エン　グラン　トム

　　　リエゾンに注意！ [t] の音になります

　un‿homme grand　背の高い男
　エン　ノム　グラン

UNITÉ 7

練習問題 **形容詞**

▶練習1　例にならって女性形に変えましょう。

> 例 Je suis content. ➡ <u>Je suis contente.</u>
> ジュ スュイ　コンタン　　　　ジュ スュイ　コンタントゥ
> わたしはうれしいです。

① **Tu es charmant !**
チュ エ　　シャルマン
　　　（すてきな、魅力的な）

➡ _____

② **Vous êtes intelligent.**
ヴ　ゼッ　テンテリジャン
　　　（頭のいい、賢い）

➡ _____

③ **Je suis japonais.**
ジュ スュイ　ジャポネ
　　　（日本人）

➡ _____

④ **Vous êtes sérieux ?**
ヴ　ゼットゥ　セリュー
　　　（まじめな、本気な）

➡ _____

▶練習2　例にならって性・数に注意して正しい答えに○を付けましょう。

> 例 Le professeur est [gentil / gentille / gentils / gentilles].
> ル　プロフェスール　エ　ジャンチ　ジャンチーユ　ジャンチ　ジャンチーユ
> 先生は親切です。

① **Attention ! Les assiettes sont très [chaud / chaude**
アタンスィヨン　　レ　ザスィエットゥ　ソン　トレ　ショ　　ショードゥ
　　　　　　　　（Ⅲ f）　　　　　　　　（熱い）

/ chauds / chaudes].
ショ　　　ショードゥ

80

② La sœur de Kenzo est [mignon / mignonne /
ラ　スール　ドゥ　ケンゾー　エ　ミニョン　ミニョヌ
（かわいい）

mignons / mignonnes].
ミニョン　　　ミニョヌ

③ Un steak bien [cuit / cuite / cuits / cuites], s'il vous plaît.
エン　ステク　ビエン　キュイ　キュイトゥ　キュイ　キュイトゥ　スィル　ヴ　プレ
（ステーキ）（よく）（焼いた）

④ C'est [gratuit / gratuite / gratuits / gratuites] !
セ　　グラチュイ　　グラチュイトゥ　　グラチュイ　　グラチュイトゥ
（ただ、無料）

▶練習3　例にならって形容詞を変化させ、正しい位置に入れましょう。

> 例 C'est le ___ chat ___ d'Akira. (petit) ➡ C'est le _petit_ chat d'Akira.
> セ　ル　プチ　シャ　ダキラ
> これはアキラの子猫です。

① C'est un _____ appartement _____ ! (joli)
セ　テン　　　　アパルトゥマン

② Montmartre est un _____ quartier _____ . (vieux)
モンマルトル　エ　テン　　　　カルチエ
（地区）

③ Voilà un _____ restaurant _____ . (japonais)
ヴォワラ　エン　　　　レストラン

④ Le _____ sac _____ de Kayo est cher. (nouveau)
ル　　　サック　　　ドゥ　カヨ　エ　シェール
（かばん）　　　　　　（高い、高価な）

⑤ La poste est un _____ _____ bâtiment
ラ　ポスト　エ　テン　　　　　　　　　バチマン
（郵便局）　　　　　　　　　　　　（建物）

_____ _____ . (grand / moderne)
モデルヌ
（モダン、現代的な）

解答と解説

① Tu es charmant ! ➡ <u>Tu es charman**te** !</u>
チュ エ シャルマン   チュ エ シャルマントゥ
君は魅力的だ！

② Vous êtes intelligent. ➡ <u>Vous êtes intelligen**te**.</u>
ヴ ゼッ テンテリジャン   ヴ ゼッ テンテリジャントゥ
あなたは頭がいいです。

③ Je suis japonais. ➡ <u>Je suis japonai**se**.</u>
ジュ スュイ ジャポネ   ジュ スュイ ジャポネーズ
わたしは日本人です。

④ Vous êtes sérieux ? ➡ <u>Vous êtes sérieu**se** ?</u>
ヴ ゼットゥ セリュー   ヴ ゼットゥ セリューズ
あなたは本気ですか？

① Attention ! Les assiettes sont très [chaud / chaude /
アタンスィヨン レ ザスィエットゥ ソン トレ
chauds / (**chaudes**)].
ショードゥ
気を付けて！　皿は熱いです。

② La sœur de Kenzo est [mignon / (**mignonne**) /
ラ スール ドゥ ケンゾー エ   ミニョヌ
mignons / mignonnes].
ケンゾウの姉（妹）はかわいいです。

③ Un steak bien [(**cuit**) / cuite / cuits / cuites], s'il vous plaît.
エン ステク ビエン キュイ   スィル ヴ プレ
よく焼いたステーキをください。

④ C'est [(**gratuit**) / gratuite / gratuits / gratuites] !
セ グラチュイ
これは無料です！

82

▶練習3

① C'est un **joli** appartement !
　セ　　テン　ジョリ　　アパルトゥマン
　これはきれいなアパルトマンです！

② Montmartre est un **vieux** quartier.
　モンマルトル　　エ　テン　ヴィュー　　カルチエ
　モンマルトルは古い地区です。

③ Voilà un restaurant **japonais** .
　ヴォワラ　エン　　レストラン　　ジャポネ
　ここに日本料理店があります。

④ Le **nouveau** sac de Kayo est cher.
　ル　　　ヌヴォー　　サック　ドゥ　カヨ　　エ　シェール
　カヨの新しいかばんは高いです。

⑤ La poste est un **grand** bâtiment **moderne** .
　ラ　　ポスト　　エ　テン　グラン　　バチマン　　モデルヌ
　郵便局は大きくて現代的な建物です。

UNITÉ 8

-er で終わる規則動詞
▶わたしはリヨンに住んでいます

フランス語の動詞の中で最も標準的な活用をするグループである「-er 動詞」について学びます。 (32)

❶ Il regarde la télévision.
イル　　ルガルドゥ　　ラ　　テレヴィズィヨン

❷ J'habite à Lyon.
<u>ジャビッタ</u>　　　　リヨン
　　　1、2

> **1** Je habite → J'habite
> **2** habiter à　〜に住む

❸ Elles aiment les gâteaux.
エル　　　ゼム　　　レ　　<u>ガトー</u>
　　　　　　　　　　　　3

> **3** 複数形が x になる場合

❹ Parlez-vous français ?
パルレ　　　ヴ　　フランセ

 小文字で始まる男性名詞の français、japonais などは「フランス語」「日本語」の意味です。「○○語を話す」と言うときは言語名に冠詞を付けないのが普通ですが、「(その人にとって外国語である) ○○語を話す」というように強調したい場合などは定冠詞が付くこともあります。

📝 **学習のポイント**

● -er 動詞の活用を覚える

● 複数形が -x となる名詞・形容詞

日本語訳

❶ 彼はテレビを見ています。

❷ わたしはリヨンに住んでいます。

❸ 彼女たちはケーキが好きです。

❹ あなたはフランス語を話しますか？

Vocabulaire

🎧 33

動詞

□ **regarder** … 見る
　ルガルデ

□ **habiter** … 住む
　アビテ

□ **aimer** … 好きである、愛する
　エメ

□ **parler** … 話す
　パルレ

名詞

□ **télévision** f … テレビ
　テレヴィズィヨン

□ **gâteau** m … ケーキ、菓子
　ガトー

公式 15　-er 動詞の活用

　規則的な活用をするフランス語の動詞の大部分は、辞書の見出し語になっている活用する前の形（不定形）が -er で終わるので、「-er 動詞」（または「第1群規則動詞」）と呼ばれます。

　このグループに属する動詞はすべて共通した活用語尾を持っています。

parler　話す
パルレ

	単数	複数
1人称	je parle ジュ　パルル	nous parlons ヌ　　　パルロン
2人称	tu parles チュ　パルル	vous parlez ヴ　　　パルレ
3人称男性	il parle イル　パルル	ils parlent イル　　パルル
3人称女性	elle parle エル　　パルル	elles parlent エル　　　パルル

　主語が nous、vous 以外のときの動詞の発音はすべて同じです。特に3人称複数の発音に気を付けましょう。

　また、動詞が母音字か無音の h で始まるときは、エリズィヨンやリエゾン、アンシェヌマンに注意してください。

je habite　　　➡　j'habite
　　　　　　　　　　　ジャビットゥ

elles‿étudient
　　エルゼチュディ
il⌢aime
　イレム

　倒置疑問文を作るときには、3人称単数では母音の連続を避けるため
Parle-t-il 〜？/ Parle-t-elle 〜？と -t- を入れます。
　パルルチル　　　　　　　　パルルテル

　Parle-t-il japonais ?　彼は日本語を話しますか？
　　パルルチル　　　ジャポネ

公式 16　複数形が -x となる名詞・形容詞

　一部の名詞や形容詞は、複数形を作るときに s ではなく x を付けます。また、-ail、-al で終わる語の多くは複数で -aux となります。

	単数		複数	
名　詞	travail トラヴァーユ	➡	travaux ⓜ トラヴォー	仕事、(複数で) 工事
	animal アニマル	➡	animaux ⓜ アニモー	動物
	gâteau ガトー	➡	gâteaux ⓜ ガトー	ケーキ、お菓子
	bijou ビジュー	➡	bijoux ⓜ ビジュー	宝石
	cheveu シュヴー	➡	cheveux ⓜ シュヴー	髪の毛
形容詞	national ナスィヨナル	➡	nationaux ナスィヨノー	国の
	général ジェネラル	➡	généraux ジェネロー	一般的な
	original オリジナル	➡	originaux オリジノー	オリジナルの

 女性形は nationale → nationales、générale → générales となります。

UNITÉ 8

 -er で終わる規則動詞

▶ **練習1** 例にならって主語に合わせて正しい活用語尾を入れましょう。

> 例 Il parl__ anglais. ➡ Il parl**e** anglais.
> 　　　　　　　　　　　イル パルル　アングレ
> 　　　　　　　　　　　彼は英語を話します。

① Vous aim__ le jazz ?
　　ヴ　　　　　　ル ジャズ

② Tu travaill__　à Nantes ?
　　チュ　　　　　　　ア　ナントゥ
　(travailler ＝ 働く)

③ Nous habit__ ensemble.
　　ヌ　　　　　　アンサンブル
　　　　　　　　　　(一緒に)

④ J'écout__ la radio.
　　　　　　　ラ ラディオ
　(écouter ＝ 聴く)　(ラジオ)

⑤ Elles arriv__ aujourd'hui.
　　エル　　　　　オジュルデュイ
　(arriver ＝ 着く、到着する)　(今日)

▶ **練習2** 例にならって文を完成させましょう。

> 例 Est-ce que vous _____ le football ?　(aimer)
>
> ➡ Est-ce que vous **aimez** le football ?
> 　　エ ス ク ヴ　　　ゼメ　　ル フットゥボール
> 　　あなた（方）はサッカーが好きですか？

① Est-ce que tu _____ japonais ?　(parler)
　　エ ス ク チュ　　　　　　　ジャポネ　　　　パルレ
　　　　　　　　　　　　　　　(日本語)

② Je ne _____ pas le week-end.　(travailler).
　　ジュ ヌ　　　　　　　パ　ル　ウィーケンドゥ　　　トラヴァイエ
　　　　　　　　　　　　　　　(週末)

③ Est-ce qu'ils _____ à Lille ?　(habiter)
　　エ ス キル　　　　　　　ア リル　　　アビテ
　　　　　　　　　　　　　(リール)

④ Je n' _____ pas le fromage.　(aimer)
　　ジュ　　　　　　　パ　ル　フロマージュ　エメ
　　　　　　　　　　　　　　　(チーズ)

88

⑤ Vous _____ à Montpellier ? (étudier)
　　　ヴ　　　　　　　　　ア　　　モンプリエ　　　　　　エチュディエ
　　　　　　　　　　　　　　（モンペリエ）　　　　　　（勉強する）

▶練習3　例にならって質問に答えましょう。

（例）— Est-ce que vous habitez ici ? (oui)　　　ここにお住まいですか？
　　　　エ　ス　ク　ヴ　　ザビテ　イスィ　ウィ

　➡　— **Oui, j'habite ici.**　　　　　　　　　　はい、わたしはここに住んでいます。
　　　　　ウィ　ジャビットゥ イスィ

Est-ce que vous travaillez ici ? (non)　　　あなたはここで働いていますか？
エ　ス　ク　ヴ　　トラヴァィエ　イスィ　　ノン

　➡　— **Non, je ne travaille pas ici.**　　　いいえ、わたしはここで働いていません。
　　　　ノン　ジュ ヌ　トラヴァーュ　パ イスィ

---

① — Tu aimes la France ? (oui)
　　　チュ　エム　ラ　フランス　　　　ウィ

　➡　—　_____

② — Est-ce que vous travaillez à Tokyo ? (oui)
　　　エ　ス　ク　　ヴ　　トラヴァィエ　ア トーキョー　　ウィ

　➡　—　_____

③ — Ils parlent espagnol ? (non)
　　　イル　パルル　　エスパニョル　　　ノン
　　　　　　　　（スペイン語）

　➡　—　_____

④ — Est-ce que vous fumez ? (non)
　　　エ　ス　ク　ヴ　　フュメ　　　ノン
　　　　　　（fumer = たばこを吸う）

　➡　—　_____

解答と解説

▶練習1

① Vous aim**ez** le jazz ?
ヴ　　ゼメ　　　ル　ジャズ
あなたはジャズが好きですか？

② Tu travaill**es** à Nantes ?
チュ　トラヴァーユ　ア　ナントゥ
君はナントで働いていますか？

③ Nous habit**ons** ensemble.
ヌ　　ザビトン　　アンサンブル
わたしたちは同居しています。

④ J'écout**e** la radio.
ジェクトゥ　ラ　ラディオ
わたしはラジオを聴いています。

⑤ Elles arriv**ent** aujourd'hui.
エル　ザリヴ　　オジュルデュイ
彼女たちは今日やって来ます。

▶練習2

① Est-ce que tu **parles** japonais ?
エ　ス　ク　チュ　パルル　　ジャポネ
君は日本語を話しますか？

② Je ne **travaille** pas le week-end.
ジュ　ヌ　トラヴァーユ　パ　ル　ウィーケンドゥ
わたしは週末には働きません。

③ Est-ce qu'ils **habitent** à Lille ?
エ　ス　キル　　ザビットゥ　ア　リル
彼らはリールに住んでいますか？

④ Je n'**aime** pas le fromage.
ジュ　ネム　　パ　ル　フロマージュ
わたしはチーズが好きではありません。

⑤ Vous **étudiez** à Montpellier ?
ヴ　　ゼチュディエ　ア　モンペリエ
あなた（方）はモンペリエで勉強していますか？

▶ 練習3

① ー Tu aimes la France ?
チュ　エム　ラ　フランス
君はフランスが好きですか？

➡ ー **Oui, j'aime la France.**
ウィ　ジェム　ラ　フランス
はい、わたしはフランスが好きです。

② ー Est-ce que vous travaillez à Tokyo ?
エ　ス　ク　ヴ　トラヴァィエ　ア　トーキョー
あなたは東京で働いていますか？

➡ ー **Oui, je travaille à Tokyo.**
ウィ　ジュ　トラヴァーュ　ア　トーキョー
はい、わたしは東京で働いています。

③ ー Ils parlent espagnol ?
イル　パルル　エスパニョル
彼らはスペイン語を話せますか？

➡ ー **Non, ils ne parlent pas espagnol.**
ノン　イル　ヌ　パルル　パ　エスパニョル
いいえ、彼らはスペイン語を話せません。

④ ー Est-ce que vous fumez ?
エ　ス　ク　ヴ　フュメ
あなたはたばこを吸いますか？

➡ ー **Non, je ne fume pas.**
ノン　ジュ　ヌ　フュム　パ
いいえ、わたしはたばこを吸いません。

動詞 avoir
▶きれいなパイプオルガンがあります

フランス語で être に次いでよく使われる動詞 avoir と
形容詞の「男性第2形」と呼ばれる形について学びます。

❶ **Avez-vous des frères ?**
アヴェ　　ヴ　　デ　　　　フレール

❷ **Elle⁀a les cheveux longs.**
エラ　　　レ　　　シュヴー　　　　ロン

❸ **Tu as faim ?**
チュ　ア　　フェン
　　　　　　‥‥‥＜‥‥ 1 [fɛ̃] 発音に注意
　　　　　1

❹ **J'ai mal‿à la tête.**
ジェ　　　マラ　　　　ラ　テットゥ
‾‾‾　‾‾‾‾‾‾
2　　　　3

> 2 Je ai → J'ai
> 3 avoir mal à~「~が痛む。」
> 　前置詞 à に続けて、痛む箇
> 　所を言います。

❺ **Il⁀y⁀a un bel⁀orgue**
イ　リ　ヤ　エン　ベ　　　ロルグ

dans l'église.
ダン　　　　レグリーズ

学習のポイント

- 動詞 avoir とその使い方
- 男性第2形を持つ5つの形容詞

日本語訳

❶ ご兄弟がおありですか (あなたは兄弟を持っていますか)？

❷ 彼女は長い髪をしている (持っている)。

❸ おなかすいた (空腹を持っている)？

❹ わたしは頭痛がする (頭に痛みを持っている)。

❺ 教会にはきれいなパイプオルガンがあります。

Vocabulaire

名詞

- □ **faim** f … 空腹
  フェン
- □ **mal** m … 痛み
  マル
- □ **tête** f … 頭
  テットゥ
- □ **orgue** m … パイプオルガン
  オルグ

形容詞 36

- □ **long** m, **longue** f … 長い
  ロン　　　　ロング
- □ **bel** m, **belle** f … 美しい
  ベル　　　ベル

前置詞

- □ **dans** … 〜の中
  ダン

93

UNITÉ 9

公式 17 　動詞 avoir とその使い方

avoir は、être に次いでよく使われる重要な動詞です。また、単に「持つ」という意味で使われるだけでなく、いろいろな慣用表現を作ります。

Ⅰ. avoir の活用

avoir (持つ)アヴォワール	単数	複数
1人称	j'ai ジェ	nous‿avons ヌ　　　ザヴォン
2人称	tu as チュ　ア	vous‿avez ヴ　　　ザヴェ
3人称男性	il‿a イラ	ils‿ont イル　　ゾン
3人称女性	elle‿a エラ	elles‿ont エル　　ゾン

Ⅱ. avoir の使い方

① 「持つ」の意味で

Il a une voiture.　彼は車を1台持っている。
イ ラ　ユヌ　ヴォワチュール

② 無冠詞名詞と組み合わせて慣用表現を作る

avoir faim アヴォワール　フェン	空腹である	← （空腹を持つ）
avoir raison アヴォワール　レゾン	正しい	← （理性・道理を持つ）
avoir mal à ~ アヴォワール　マラ	～が痛い	← （～に痛みを持つ）
avoir envie de ~ アヴォワール　アンヴィ　ドゥ	～が欲しい	← （～の欲求を持つ）

③ il y a ～「～がある、いる」の構文で
イ リ ヤ

このil は「彼」でも「それ」でもない形式上の主語 (非人称のil) で、訳しません。
il y a の後には単数名詞も複数名詞も置くことができます。

このyとavoir は強く結び付いていて、倒置疑問文や否定文を作るときも切り離しません。倒置疑問文はY a-t-il ～？という形になり、否定文ではy a 全体をne とpas で挟みます。

Y a-t-il un hôtel près de la gare ?
イ　ヤチル　エン　ノテル　プレ　ドゥ ラ　ガール
駅の近くにホテルがありますか？

男性第2形をもつ形容詞

名詞の前に置かれる形容詞の中には、母音字、無音のh で始まる男性名詞の前で「第2形」と呼ばれる形を使うものがあります。女性形はこの「第2形」から作ります。

この形を持つ形容詞は全部で五つです。

beau (美しい) ボー	単数	複数
男性形	beau ボー	beaux ボー
男性第2形	bel ベル	beaux ボー
女性形	belle ベル	belles ベル

そのほかの男性第2形を持つ形容詞は、次の4つです。(カッコ内が男性第2形)

nouveau (nouvel) 新しい
ヌヴォー　　ヌヴェル

vieux (vieil) 年取った
ヴィユー　ヴィエユ

fou (fol) 狂った
フー　フォル

mou (mol) 柔らかい
ムー　モル

UNITÉ 9

動詞 avoir

▶ 練習1　例にならって正しい文になるように結び付けましょう。

Ils　●
イル

J'　●

Vous　●
ヴ

Il y　●
イ リ

Nous　●
ヌ

Tu　●
チュ

● ai un chat.
　エ　エン　シャ

● avez rendez-vous ?
　アヴェ　　ランデ　　　ヴ
　　　　　　（〈会う〉約束）

● a un restaurant près d'ici ?
　ア エン　　レストラン　　　プレ　ディスィ
　　　　　　　　　　　（この近く）

● ont des lentilles de contact.
　オン　デ　　ランチーュ　ドゥ　コンタクトゥ
　　　　　　　　　　（コンタクトレンズ）

● as envie d'un café ?
　ア　アンヴィ　デン　カフェ

● avons une maison à Rouen.
　アヴォン　ユヌ　　メゾン　ア　ルーアン
　　　　　　　　　　　　（ルーアン）

▶ 練習2　例にならって avoir を活用させて文章を完成させましょう。

例 Elle ＿＿＿ un frère.　➡　Elle **a** un frère.
　エル　　　エン フレール　　　　　エ ラ エン フレール

① — Vous ＿＿＿＿＿＿ soif ?
　　ヴ　　　　　　　　　スォワフ
　　　　　　　　　　　（渇き）

　— Oui, nous ＿＿＿＿＿＿ très soif.
　　ウィ　ヌ　　　　　　　　トレ　スォワフ
　　　　　　　　　　　　　　（とても）

② Tu ＿＿＿＿＿＿ froid ?
　チュ　　　　　　　フルォワ
　　　　　　　　　（寒さ）

③ J'_____ mal à l'estomac.
マ　ラ　　レストマ
（胃）

④ Est-ce qu'il _____ des enfants ?
エ　ス　キル　　　　　　　　デ　ザンファン

⑤ Ils _____ un bel appartement à Nice.
イル　　　　　エン　ベラパルトゥマン　　　ア　ニース

⑥ Il y _____ un nouvel élève.
イ リ　　　　　　　　エン　　ヌヴェレレーヴ
（生徒）

▶練習3　例にならって、質問に答えましょう。

例 — Est-ce qu'elle a un appareil photo ? (beau)
エス　ケ　ラ エン ナパレーュ　フォト　　　ボー
彼女はカメラを持っていますか？

➡ — Oui, **elle a un bel appareil photo.**
ウィ　　エラ　エン　ベ　ラパレーュ　フォト
はい、彼女はいいカメラを持っています。

① — Est-ce qu'il y a un hôtel dans le village ? (vieux)
エ　ス　キ　リ ヤ エン　ノテル　　ダン　ル ヴィラージュ　　ヴィュー
（村）

➡ — Oui, _____

② — Elles ont un appartement ? (beau)
エル　ゾン エン　ナパルトゥマン　　　ボー

➡ — Oui, _____

③ — Est-ce que tu as un ordinateur ? (nouveau)
エ　ス　ク　チュ ア エン ノルディナトゥール　　ヌヴォー

➡ — Oui, _____

解答と解説

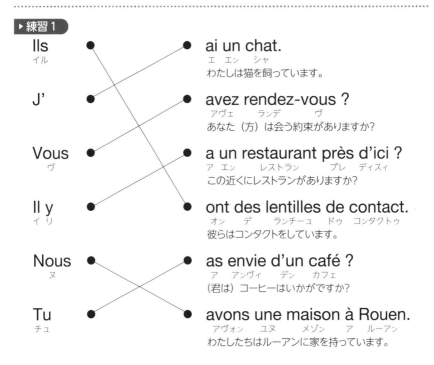

Ils
イル

J'

Vous
ヴ

Il y
イ リ

Nous
ヌ

Tu
チュ

ai un chat.
エ　エン　シャ
わたしは猫を飼っています。

avez rendez-vous ?
アヴェ　　ランデ　　　ヴ
あなた（方）は会う約束がありますか?

a un restaurant près d'ici ?
ア　エン　　レストラン　　　プレ　ディスィ
この近くにレストランがありますか?

ont des lentilles de contact.
オン　デ　　ランチーュ　ドゥ　コンタクトゥ
彼らはコンタクトをしています。

as envie d'un café ?
ア　アンヴィ　デン　カフェ
（君は）コーヒーはいかがですか?

avons une maison à Rouen.
アヴォン　ユヌ　メゾン　ア　ルーアン
わたしたちはルーアンに家を持っています。

▶練習 2

① — Vous __avez__ soif ?　あなた方はのどが渇きましたか?
　　　　ヴ　　　ザヴェ　スォワフ

　　— Oui, nous __avons__ très soif.　はい、わたしたちはとてものどが渇きました。
　　　　ウィ　ヌ　　　ザヴォン　　トレ　スォワフ

② Tu __as__ froid ?　君は寒いですか?
　　チュ　ア　フルォワ

③ J'__ai__ mal à l'estomac.　わたしは胃が痛いです。
　　ジェ　　マ　ラ　　レストマ

④ Est-ce qu'il __a__ des enfants ?　彼は子供がいますか?
　　エ　ス　キ　ラ　デ　　ザンファン

⑤ Ils __ont__ un bel appartement à Nice.
　　イル　ゾン　エン　　ベラパルトゥマン　　ア　ニース
彼らはニースにきれいなマンションを持っています。

⑥ Il y __a__ un nouvel élève.　新しい生徒がいます。
　　イ リ　ヤ　エン　　ヌヴェレレーヴ

▶練習3

① — Est-ce qu'il y a un hôtel dans le village ? (vieux)
エ ス キ リ ヤ エン ノテル ダン ル ヴィラージュ ヴィュー
村にホテルがありますか？

➡ — Oui, il y a un vieil hôtel dans le village.
ウィ イ リ ヤ エン ヴィェヨテル ダン ル ヴィラージュ
はい、村には昔からのホテルがあります。

② — Elles ont un appartement ? (beau)
エル ゾン エン ナパルトゥマン ボー
彼女たちはマンションを持っていますか？

➡ — Oui, elles ont un bel appartement.
ウィ エル ゾン エン ベラパルトゥマン
はい、彼女たちはきれいなマンションを持っています。

③ — Est-ce que tu as un ordinateur ? (nouveau)
エ ス ク チュ ア エン ノルディナトゥール ヌヴォー
君はパソコンを持っていますか？

➡ — Oui, j'ai un nouvel ordinateur.
ウィ ジェ エン ヌヴェロルディナトゥール
はい、わたしは新しいパソコンを持っています。

UNITÉ 9

99

部分冠詞
▶まだワインはありますか?

部分冠詞の意味と用法を学びます。部分冠詞は数えられない名詞に付き、不特定の「ある分量」を示します。

❶ **Il y a encore du vin ?**
イ リ ヤ　アンコル　<u>デュ</u>　ヴェン
　　　　　　　　　　　1

> **1** 数えられない男性名詞に
> つく部分冠詞

❷ **Il a de la fièvre.**
イ ラ　<u>ドゥ ラ</u>　フィエーヴル
　　　　2

> **2** 数えられない女性名詞に
> つく部分冠詞

❸ — **Vous avez de l'argent ?**
ヴ　　ザヴェ　ドゥ　ラルジャン

— **Non, je n'ai pas d'argent.**
ノン　ジュ　ネ　パ　<u>ダルジャン</u>
　　　　　　　　　　　　3

> **3** de argent → d'argent

100

学習のポイント

- 部分冠詞 (du/ de la)
- 否定文中の不定冠詞・部分冠詞

日本語訳

❶ まだワインはありますか？

❷ 彼は熱がある。

❸ ― あなたはお金を持っていますか？

　　― いいえ、持っていません。

Vocabulaire

39

名詞

□ **vin** ⓜ　… ワイン
　ヴェン

□ **fièvre** ⓕ　… 熱
　フィエーヴル

□ **argent** ⓜ　… お金
　アルジャン

副詞

□ **encore** … まだ
　アンコル

UNITÉ *10*

公式19 部分冠詞

　フランス語の冠詞には、不定冠詞と定冠詞のほかに部分冠詞と呼ばれる冠詞があります。これは物質名詞や抽象名詞など数えられない名詞に付き、不特定の「ある分量」を示す冠詞です。数えられない名詞に付くので複数形はありません。

男性	du デュ	(de l')
女性	de la ドゥ ラ	

※母音字・無音のhで始まる語の前では、
　男性・女性ともde l'となります。

　不特定の具体的な量を示すという点では、部分冠詞は不定冠詞の仲間です。示される量が「個数」なら不定冠詞、数えられない「分量」なら部分冠詞を使います。

> ただしコーヒー、ビールなど数えられない液体でも、お店で注文するときは un café, une bière と言います。これはコーヒーやビールを「1杯（1人分）」という意味です。

　また、液体や粉末など形の定まらないもの以外でも、肉や魚、チーズやパンなど食べ物の多くは数えられない名詞に分類されます。これらの物はどんな大きさや量にも分けることができるからです。それに対してクロワッサンやブリオッシュなどは、その形をしていなければそう呼ばれないので数えられる名詞です。

数えられない名詞の例

eau f オー	水	**sel** m セル	塩
viande f ヴィヤンドゥ	肉	**pain** m ペン	パン
fromage m フロマージュ	チーズ	**courage** m クラージュ	勇気
argent m アルジャン	お金（硬貨や紙幣は数えられます）		

> 部分冠詞はもともと部分を表す de + 定冠詞から出来ています（男性形の du は de + le が縮約したものです）。実は不定冠詞の複数形 des も、de + les から出来ています。やはり不定冠詞と部分冠詞は仲間なのです。

公式 20　否定文中の不定冠詞・部分冠詞

　直接目的補語である名詞（前置詞を使わずに動詞の目的語になっている名詞）や il y a〜の構文で存在が示されている名詞に付く不定冠詞と部分冠詞は、否定文では原則として de に変わります。

Il a un frère. イ ラ エン フレール	彼は兄弟が一人います。
➡ **Il n'a pas de frère.** イル ナ　　パ　　ドゥ フレール	彼は兄弟がいません。
Il y a du vin. イ リ ヤ デュ ヴェン	ワインがあります。
➡ **Il n'y a pas de vin.** イル ニ　ヤ　パ　ドゥ ヴェン	ワインはありません。

　C'est 〜 / Ce sont 〜の構文の名詞は直接目的補語ではないので、否定文でも冠詞は変わりません。

C'est un café. セ　テン カフェ	これは（1軒の）喫茶店です。
➡ **Ce n'est pas‿un café.** ス　ネ　　パ　ゼン カフェ	これは（1軒の）喫茶店ではありません。

U N I T É

10

UNITÉ 10

練習問題 部分冠詞

▶練習1　例にならって du、de la、de l' のうちで適当なものを入れましょう。

> 例 Vous avez ___ vin ?　→　Vous avez **du** vin ?
> （ワイン m）　　　　　　　ヴ　ザヴェ　デュ　ヴェン
> 　　　　　　　　　　　　　ワインがありますか？

① Il y a _____ fromage et _____ pain.
イ リ ヤ　　　　　　フロマージュ　エ　　　　　　　ペン
　　　　　　　　　（チーズ m）　　　　　　　（パン m）

② Il y a _____ eau minérale ?
イ リ ヤ　　　　　　オー　　ミネラル
　　　　　　　　（ミネラルウォーター f）

③ C'est _____ huile d'olive.
セ　　　　　　　　ユイル　ドリーヴ
　　　　　　　　（オリーブオイル f）

④ Est-ce qu'il y a _____ confiture ?
エ　ス　キ　リ ヤ　　　　　　コンフィチュール
　　　　　　　　　　　　　（ジャム f）

⑤ Vous avez _____ sel ?
ヴ　ザヴェ　　　　　　セル
　　　　　　　　　　（塩 m）

▶練習2　例にならって文を完成させましょう。

> 例 Dans le diabolo menthe, il y a _____ limonade avec _____ sirop de menthe.
> （〜の中）　（ディアボロ）（ミント）　　　　（レモンソーダ f）（〜と）　　　　（ミントシロップ m）
> Dans le diabolo menthe, il y a **de la** limonade avec **du** sirop de menthe.
> ダン　ル ディヤボロ　マントゥ　イ リ ヤ　ドゥ ラ　リモナッドゥ　アヴェック　デュ　スィロ ドゥ　マントゥ
> ミント入りディアボロの中には、ミントシロップとレモンソーダが入っています。

① Dans la vinaigrette, il y a _____ vinaigre, _____ poivre,
ダン　ラ　ヴィネグレットゥ　イ リ ヤ　　　　　ヴィネーグル　　　　プォワーヴル
　　（フレンチドレッシング）　　　　　　　　　（酢 m）　　　　　（コショウ m）

104

_____ sel, _____ moutarde et _____ huile.
　　　　セル　　　　　　　　ムタルドゥ　　　エ　　　　　　　　　ュイル
　　　　　　　　　　　　　　（マスタード f ）　　　　　　　　　（オイル f ）

② Dans le kir royal, il y a ____ champagne et
　　ダン　　ル　キール ルォワィヤル　イ リ ヤ　　　　　　シャンパーニュ　　　　エ
　　　（キール・ロワイヤル）　　　　　　　　　　　　（シャンパン m ）

_____ crème de cassis.
　　　　　　クレーム　ドゥ　カスィス
　　　　　（カシスのリキュール f ）

▶ 練習3　　例にならって否定文に変えましょう。

> 例 J'ai du temps.　　➡　　**Je n'ai pas de temps.**
> 　　ジェ デュ タン　　　　　　　　ジュ ネ　パ ドゥ　タン
> 　わたしは時間があります。　わたしは時間がありません。

① Nous avons de la chance.
　　ヌ　　　ザヴォン　ドゥ ラ　　シャンス
　　　　　（avoir de la chance ＝運がいい）

➡ _____

② Il y a du soleil.
　　イ リ ヤ デュ ソレーユ
　　　　　（太陽、日光）

➡ _____

③ J'ai de la monnaie.
　　ジェ ドゥ ラ　　モネ
　　　　　（小銭）

➡ _____

④ Il y a du vent.
　　イ リ ヤ デュ ヴァン
　　　　　（風）

➡ _____

UNITÉ 10

解答と解説

▶練習1

① Il y a __du__ fromage et __du__ pain.
イ リ ヤ　デュ　フロマージュ　エ　デュ　ペン
チーズとパンがあります。

② Il y a __de l'__ eau minérale ?
イ リ ヤ　ドゥ　ロー　ミネラル
ミネラルウォーターがありますか？

③ C'est __de l'__ huile d'olive.
セ　ドゥ　リュイル　ドリーヴ
これはオリーブオイルです。

④ Est-ce qu'il y a __de la__ confiture ?
エ　ス　キ　リ ヤ　ドゥ ラ　コンフィチュール
ジャムがありますか？

⑤ Vous avez __du__ sel ?
ヴ　ザヴェ　デュ　セル
塩がありますか？

▶練習2

① Dans la vinaigrette, il y a __du__ vinaigre, __du__ poivre,
ダン　ラ　ヴィネグレットゥ　イリヤ　デュ　ヴィネーグル　デュ　プォワーヴル

　　__du__ sel, __de la__ moutarde et __de l'__ huile.
　　デュ　セル　ドゥラ　ムタルドゥ　エ　ドゥ　リュイル
フレンチドレッシングには、酢とコショウと塩とマスタードとオイルが入っています。

② Dans le kir royal, il y a __du__ champagne et __de la__
ダン　ル　キール ルォワィャル　イ リ ヤ　デュ　シャンパーニュ　エ　ドゥ ラ

crème de cassis.
クレーム　ドゥ　カスィス
キール・ロワイヤルには、シャンパンとカシスリキュールが入っています。

▶練習3

① Nous avons de la chance.　わたしたちは運がいいです。
ヌ　　ザヴォン　ドゥ ラ　シャンス

➡ **Nous n'avons pas de chance.**
ヌ　　　ナヴォン　　パ　ドゥ　　シャンス
わたしたちはついていません。

② Il y a du soleil.　日が照っています。
イ リ ヤ デュ ソレーユ

➡ **Il n'y a pas de soleil.**
イル ニ　ヤ　パ　ドゥ　ソレーユ
太陽が出ていません。

③ J'ai de la monnaie.　わたしは小銭を持っています。
ジェ ドゥ ラ　　モネ

➡ **Je n'ai pas de monnaie.**
ジュ ネ　　パ　ドゥ　　モネ
わたしは小銭を持っていません。

④ Il y a du vent.　風があります。
イ リ ヤ デュ ヴァン

➡ **Il n'y a pas de vent.**
イル ニ ヤ　パ　ドゥ　ヴァン
風がありません。

✒ *Colonne*　**冠詞のない名詞を見たら辞書を引こう**

　フランス語の名詞には男性名詞と女性名詞があり、名詞をおぼえるときはその性もいっしょにおぼえなければなりません。そのためには冠詞をつけておぼえるのがよいでしょう。
　ところでフランス語の冠詞には定冠詞・不定冠詞・部分冠詞の3種類があり、名詞には通常このうちのどれかが付いてます。そしてフランス語で名詞に冠詞がついていないのはかなり特別な場合であり、それは熟語的な決まった表現を形成していると考えてよいのです。「お腹がすいた」avoir faim（←空腹を持つ）などの無冠詞の名詞を見たら、辞書で表現を確認するようにしましょう。

▶練習1　例にならって、女性形に変えましょう。

> 例 Il est grand.　➡　Elle est grande.
> 　　イ　レ　グラン　　　　エ　レ　グランドゥ
> 彼は背が高いです。　　　彼女は背が高いです。

① Je suis Japonais.　➡　_____
　　ジュ　スュイ　　ジャポネ

② Ils sont Français.　➡　_____
　　イル　ソン　　フランセ

③ Il est beau.　　　　➡　_____
　　イ　レ　　ボー

④ Le nouveau secrétaire de Paul.
　　ル　　ヌヴォー　　スクレテール　ドゥ　ポール

　➡　_____

▶練習2　例にならって、文を完成させましょう。

> 例 Ils _____ la France ? (aimer)　➡　Ils _aimer_ la France ?
> 　　イル　　ラ　フランス　　エメ　　　　　イル　ゼム　　ラ　フランス
> 　　　　　　　　　　　　　　　　　　　　彼らはフランスが好きですか？

① Est-ce que tu _____ à Lyon ？ (habiter)
　　エ　ス　ク　チュ　　　　ア　リヨン　　　アビテ

② Vous _____ anglais ？ (parler)
　　ヴ　　　　　　アングレ　　　パルレ

③ Nous ne _____ pas la télévision.　(regarder)
　　ヌ　ヌ　　　　　パ　ラ　テレヴィズィヨン　　ルガルデ

④ Je ne _____ pas. Et vous ？ (fumer)
　　ジュ　ヌ　　　　パ　エ　ヴ　　　フュメ

例にならって、avoir を活用させて文を完成させましょう。

> 例 Tu _____ mal ?　➡　Tu _as_ mal ?
> チュ　　　　マル　　　　　チュ　ア　マル
> 　　　　　　　　　　　　　　痛いですか？

① Vous _____ un bel ordinateur.
　　ヴ　　　　　　　エン　ベ　ロルディナトゥール

② Il _____ deux frères et une sœur.
　　イル　　　　　　ドゥー　フレー　レ　ユヌ　スール

③ J' _____ très faim.
　　　　　　　　トレ　　フェン

④ Est-ce qu'ils _____ des amis au Japon ?
　　エ　ス　キル　　　　　　　　デ　ザミ　オ　ジャポン

例にならって、du、de la、de l'、de のうちで適当なものを選んで入れましょう。

> 例 Vous avez _____ thé ?　➡　Vous avez _du_ thé ?
> ヴ　ザヴェ　　　　テ　　　　　ヴ　ザヴェ　デュ　テ
> 　　　　　　　　　　　　　　紅茶はありますか？（店員に）

① Dans le sandwich, Il y a ____ jambon, ____ fromage,
　　ダン　ル　サンドゥイッチ　イ リ ヤ　　　ジャンボン　　　　フロマージュ
　　　　　　　　　　　　　　　　　　（ハム m）　　　　　　m

　____ beurre et ____ salade.
　　　ブール　エ　　　　サラッドゥ
　（バター m）　　　　　　f

② Vous avez ____ eau minérale ?
　　ヴ　ザヴェ　　　オー　ミネラル

③ Il n'y a pas _____ café.
　　イル ニヤ　パ　　　　　　カフェ

④ _____ vin, s'il vous plaît.
　　　　　　ヴェン スィル ヴ プレ

109

▶ 練習1

① Je suis Japonais.　➡　Je suis Japonaise.

ジュ スュイ ジャポネ　　　　ジュ スュイ ジャポネーズ

僕は日本人です。　　　　　　わたしは日本人です。

② Ils sont Français.　➡　Elles sont Françaises.

イル ソン フランセ　　　　　エル ソン フランセーズ

彼らはフランス人です。　　　彼女たちはフランス人です。

③ Il est beau.　➡　Elle est belle.

イ レ ポー　　　　　　　　　エ レ ベル

彼はハンサムです。　　　　　彼女はきれいです。

④ Le nouveau secrétaire de Paul.

ル ヌヴォー スクレテール ドゥ ポール

ポールの新しい（男性）秘書です。

　　➡　La nouvelle secrétaire de Paul.

ラ ヌヴェル スクレテール ドゥ ポール

ポールの新しい（女性）秘書です。

▶ 練習2

① Est-ce que tu _habites_ à Lyon ?　(habiter)

エ ス ク チュ アビトゥ ア リヨン　　　　　アビテ

君はリヨンに住んでいますか？

② Vous _parlez_ anglais ?　(parler)

ヴ パルレ アングレ　　　　パルレ

あなたは英語を話しますか？

③ Nous ne _regardons_ pas la télévision.　(regarder)

ヌ ヌ ルガルドン パ ラ テレヴィズィヨン ルガルデ

わたしたちはテレビを見ません。

④ Je ne _fume_ pas. Et vous ?　(fumer)

ジュ ヌ フュム パ エ ヴ フュメ

わたしはたばこを吸いません。あなたは？

① Vous _avez_ un bel ordinateur.
ヴ　　ザヴェ　エン　ベ　ロルディナトゥール
あなたはいいパソコンを持っています。

② Il _a_ deux frères et une sœur.
イラ　ドゥー　フレー　レ　ユヌ　スール
彼はお兄さん（弟）が二人、妹（お姉さん）が一人います。

③ J'ai _ai_ très faim.
ジェ　トレ　フェン
わたしはとてもおなかがすいています。

④ Est-ce qu'ils _ont_ des amis au Japon ?
エ　ス　キル　ゾン　デ　ザミ　オ　ジャポン
彼らは日本に友達がいますか？

① Dans le sandwich, Il y a _du_ jambon, _du_ fromage,
ダン　ル　サンドゥイッチ　イ リ ヤ　デュ　ジャンボン　デュ　フロマージュ
_du_ beurre et _de la_ salade.
デュ　ブール　エ　ドゥラ　サラッドゥ
サンドイッチにはハムとチーズとバターとサラダが入っています。

② Vous avez _de l'_ eau minérale ?
ヴ　ザヴェ　ドゥ　ロー　ミネラル
あなたはミネラルウオーターを持っていますか？

③ Il n'y a pas _de_ café.
イル　ニヤ　パ　ドゥ　カフェ
コーヒーはありません。

④ _Du_ vin, s'il vous plaît.
デュ　ヴェン　スィル　ヴ　プレ
ワインをください。

111

Colonne アクサン・スィルコンフレクスって何？

　アクサン・スィルコンフレクスは、ほかのアクサン記号同様発音を示したり、同音異義語を区別したりする以外に、特別な意味を持っています。それはもともとあった文字（多くは s）が消えた印として、その文字の前にある母音字の上に付けられる、ということです。

　次のフランス語と英語の単語を比較するとそのことが分かると思います。

フランス語	英語	
hôpital オピタル	hospital	病院
forêt フォレ	forest	森
pâte パットゥ	pasta	パスタ
château シャトー	castle	城

　従って動詞の活用においても、後に s がある母音字にはアクサン・スィルコンフレクスは付きません。

tu es　　　　君は…である　(cf. vous êtes)
チュ　エ　　　　　　　　　　　　　　ヴ　ゼットゥ

je connais　わたしは知る　(cf. il connaît)
ジュ　コネ　　　　　　　　　　　　イル　コネ

文法編③

語幹が変化する動詞や、
指示・所有を示す形容詞などを学びます。
数の数え方を覚えるのも重要です。

L'Arc de Triomphe

語幹の変わる -er 動詞
▶わたしは新車を買います

-er 動詞の中で、語幹のつづりや発音の変わる活用
形を持つものを学びます。 (41)

❶ Il mange du pain frais tous les

イル　マンジュ　デュ　ペン　フレ　トゥ　レ
___1___

　　　　1 語幹が g で終わる -er 動詞

matins.

マテン

❷ J'achète‿une voiture neuve.

ジャシェッチュヌ　　　　ヴォワチュール　　　ヌヴ
___2___

　　　2 語幹が e ＋一つの子音字で終わる -er 動詞

❸ — Tu préfères le vin à la bière ?

チュ　　プレフェール　　ル　ヴェン　ア　ラ　　ビエール
___3___

　　　　3 語幹が é ＋子音字で終わる -er 動詞

— Oui, je préfère le vin à la

ウィ　ジュ　プレフェール　ル　ヴェン　ア　ラ

bière.

ビエール

---

 ❶ tout は特別な形容詞で、冠詞の前に置かれます。また、男性複数形は touts
ではなく tous となります。
❷ neuf も nouveau も「新しい」という意味ですが、voiture neuve は「新車」、
nouvelle voiture は「今度の (新しく買う、または買った) 車」です。

✏️ 学習のポイント

● 語幹の変わる -er 動詞
　→語幹の最後が① c,g、② e ＋一つの子音字、③ é ＋子音字

日本語訳

❶ 彼は毎朝焼きたてのパンを食べます。

❷ わたしは新車を買います。

❸ ― あなたはビールよりもワインが好きですか？

　　― はい、わたしはビールよりもワインが好きです。

UNITÉ
11

Vocabulaire

動詞

□ **manger** … 食べる
　マンジェ

□ **acheter** … 買う
　アシュテ

□ **préférer** … 好む
　プレフェレ

□ **préférer A à B**
　… B より A が好きだ

形容詞 🎧42

□ **frais** Ⓜ, **fraîche** Ⓕ … 新鮮な、できたての
　フレ　　　フレッシュ

□ **tout** Ⓜ, **toute** Ⓕ　… すべての
　トゥ　　　トゥトゥ
（男性複数形は **tous**）
　　　　　　　　トゥ

□ **neuf** Ⓜ, **neuve** Ⓕ … 新しい
　ヌフ　　　ヌヴ

名詞

□ **matin** Ⓜ … 朝
　マテン

公式 21 語幹の変わる -er 動詞の活用

不定形が -er で終わる規則動詞はすべて同じ活用語尾を持ちますが、中には語幹 (活用語尾を除いた動詞の本体) の発音やつづりが多少変わるものがあります。

Ⅰ. 語幹が c、g の字で終わるもの

c、g の字は、1人称複数の語尾 -ons を付けると [k][g] と読まれてしまいます。そこで [s][ʒ] の音を保つために1人称複数のみ -ç、-ge とします。

Ⅱ. 語幹が e ＋一つの子音字で終わるもの

①複数の1・2人称以外で、〈e ＋一つの子音字〉が 〈è ＋一つの子音字〉になる。

acheter 買う アシュテ	単数	複数
1人称	j'achète ジャシェットゥ	nous‿achetons ヌ　　ザシュトン
2人称	tu achètes チュ　アシェットゥ	vous‿achetez ヴ　　ザシュテ
3人称男性	il‿achète イ　ラシェットゥ	ils‿achètent イル　ザシェットゥ
3人称女性	elle‿achète エ　ラシェットゥ	elles‿achètent エル　ザシェットゥ

②複数の1・2人称以外で、〈e ＋一つの子音字〉が〈e ＋二つの子音字〉になる (子音字を重ねる)。

appeler 呼ぶ アプレ	単数	複数
1人称	j'appelle ジャペル	nous‿appelons ヌ　ザプロン
2人称	tu appelles チュ　アペル	vous‿appelez ヴ　ザプレ
3人称男性	il‿appelle イ　ラペル	ils‿appellent イル　ザペル
3人称女性	elle‿appelle エ　ラペル	elles‿appellent エル　ザペル

　①、②とも語幹末の母音が弱母音の[ə] なので脱落し(p.27 発音編「[ə] の脱落」の項参照)、音節を形成できないため、この母音が最終音節に来る活用形では [ə] を [ɛ] に変えてアクセント (強勢) を置くのです。複数の1・2人称では、この弱母音が最終音節に来ないため、脱落してもよいのです。

Ⅲ. 語幹が é ＋子音字で終わるもの

語幹末の〈é ＋子音字〉は、複数の1・2人称以外で〈è ＋子音字〉に変わります。

préférer 好む、より好きである プレフェレ	単数	複数
1人称	je préfère ジュ プレフェール	nous préférons ヌ　プレフェロン
2人称	tu préfères チュ　プレフェール	vous préférez ヴ　プレフェレ
3人称男性	il préfère イル　プレフェール	ils préfèrent イル　プレフェール
3人称女性	elle préfère エル　プレフェール	elles préfèrent エル　プレフェール

UNITÉ 11

練習問題 語幹の変わる -er 動詞の活用

▶**練習 1**　例にならって必要な場合アクサン記号をつけましょう。

> 例 Il achete des légumes.　➡　Il ach**è**te des légumes.
> 彼は野菜を買っています。

① ― Vous <u>preferez</u> le train ou l'avion ?
（電車）（あるいは）（飛行機 m）

　　― Je <u>prefere</u> le train.

② Tu <u>achetes</u> un cadeau pour Vincent ?
（〜のため、〜に）

③ ― Elle aime le vin ?
　　― J'<u>espere</u> !
（espérer ＝ 願う）

▶**練習 2**　例にならって文を完成させましょう。

> 例 Nous ＿＿＿＿＿ dehors.（manger 食べる）
> ➡ Nous **mangeons** dehors.　わたしたちは外で食べます。
> 　　　　　　　（外で）

① Elle ＿＿＿＿＿＿＿ un papier.（jeter 捨てる、appeler 型）
（紙）

② Il ＿＿＿＿＿＿ la police.（appeler 呼ぶ）
（警察）

③ Nous ＿＿＿＿＿＿ en train.（voyager 旅行する）
（en ＋ 乗り物 ＝ 〜で）

118

▶練習3　例にならって質問に自由に答えましょう。

（例）Vous préférez le soir ou le matin ?
あなたは夜と朝のどちらが好きですか？

➡　**Je préfère le matin.**　わたしは朝の方が好きです。

あるいは ➡　**Je préfère le soir.**　わたしは夜の方が好きです。

① Vous préférez le jazz ou le rock ?
（ロック）

➡ _____

② Tu préfères la France ou le Japon ?
（日本）

➡ _____

③ Tu préfères travailler ou voyager ?

➡ _____

U
N
I
T
É

11

解答と解説

▶練習1

① — Vous **préférez** le train ou l'avion ?
　　　ヴ　　　プレフェレ　　ル　トレン　ウ　ラヴィヨン
　　あなたは電車と飛行機のどちらが好きですか？

　— Je **préfère** le train.
　　ジュ　プレフェール　ル　トレン
　　わたしは電車の方が好きです。

② Tu **achètes** un cadeau pour Vincent ?
　チュ　アシェットゥ　エン　カドー　　プール　　ヴェンサン
　君はヴェンサンにプレゼントを買いますか？

③ — Elle aime le vin ?
　　　エ　　レーム　ル　ヴェン
　　彼女はワインが好きですか？

　— J'**espère** !
　　ジェスペール
　　好きだといいんですが。

▶練習2

① Elle **jette** un papier.
　エル　ジェットゥ　エン　パピェ
　彼女は（1枚の）紙を捨てます。

② Il **appelle** la police.
　イ　　ラペル　　ラ　ポリス
　彼は警察を呼んでいます。

③ Nous **voyageons** en train.
　ヌ　　ヴォワィヤジョン　アン　トレン
　わたしたちは電車で旅行しています。

▶練習3

① — Vous préférez le jazz ou le rock ?
ヴ　プレフェレ　ル　ジャズ　ウ　ル　ロック
あなたはジャズとロックのどちらが好きですか？

　　➡ — **Je préfère le jazz.**
　　　　ジュ　プレフェール　ル　ジャズ
　　　　わたしはジャズの方が好きです。

あるいは ➡ — **Je préfère le rock.**
　　　　ジュ　プレフェール　ル　ロック
　　　　わたしはロックの方が好きです。

② — Tu préfères la France ou le Japon ?
チュ　プレフェール　ラ　フランス　ウ　ル　ジャポン
君はフランスと日本のどちらが好きですか？

　　➡ — **Je préfère le Japon.**
　　　　ジュ　プレフェール　ル　ジャポン
　　　　わたしは日本の方が好きです。

あるいは ➡ — **Je préfère la France.**
　　　　ジュ　プレフェール　ラ　フランス
　　　　わたしはフランスの方が好きです。

③ — Tu préfères travailler ou voyager ?
チュ　プレフェール　トラヴァィエ　ウ　ヴォワィヤジェ
君は働くのと旅行するのとどちらがいいですか？

　　➡ — **Je préfère travailler.**
　　　　ジュ　プレフェール　トラヴァィエ
　　　　わたしは働く方がいいです。

あるいは ➡ — **Je préfère voyager.**
　　　　ジュ　プレフェール　ヴォワィヤジェ
　　　　わたしは旅行する方がいいです。

指示形容詞・人称代名詞強勢形
▶この本はあなたのですか？

「この」「その」などを意味する指示形容詞と、人称代名詞の強勢形について学びます。

(44)

❶ — **Ce livre est à vous ?**
ス　　リーヴル　　エ　タ　　ヴ
1　　　　　　　　　2

> 1　指示形容詞 ce
> 2　所有を示す〈être à + 人〉。
> 　 vous は人称代名詞強勢形

— **Oui, il est à moi.**
ウィ　イ　レ　タ　ムォワ

❷ — **Ce soir, Sylvie reste chez elle ?**
ス　スォワール　スィルヴィ　レストゥ　シェ　ゼル

— **Non, elle dîne avec moi.**
ノン　　エル　ディヌ　アヴェック　ムォワ

❸ **Il y a de bons gâteaux dans**
イ　リ　ヤ　ドゥ　ボン　ガトー　ダン
3

> 3　形容詞 bon(s) の前につく、
> 　 不定冠詞複数形

cette pâtisserie.
セットゥ　　パチスリー

学習のポイント

- 指示形容詞の性数一致
- 人称代名詞の強勢形
- 帰属と所有を示す〈être à + 人〉
- 形容詞の前の不定冠詞複数形

日本語訳

❶ — この本はあなたのですか？

　 — はい、わたしのです。

❷ — 今晩シルヴィーは家にいるかな？

　 — いいや、彼女は僕と夕食を食べるんだ。

❸ このお菓子屋さんにはおいしいケーキがある。

Vocabulaire

動詞

□ **rester** … 残る、とどまる
　レステ

□ **dîner** … 夕食を取る
　ディネ

指示形容詞

□ **ce** m, **cette** f … この、その
　ス　　　セットゥ

123

UNITÉ 12

公式22 指示形容詞

「この（その、あの）」を意味する指示形容詞は、冠詞のように名詞の前に置かれ、名詞の性・数に合わせて次のように変化します。

	単数	複数
男性	ce (cet) ス　セットゥ	ces セ
女性	cette セットゥ	

※母音字、無音の h で始まる男性単数名詞の前では、ce は cet になります。

ce livre ス　リーヴル	この本	cet⌢acteur セッ　タクトゥール	この俳優
cette photo セットゥ　フォト	この写真	ces‿étudiants セ　ゼチュディヤン	これらの大学生

公式23 人称代名詞の強勢形

人称代名詞の強勢形とは、動詞の主語や目的語ではない位置に現れる人称代名詞の形です。主語人称代名詞と形の違う個所に注意して覚えましょう。

	単数1人称	2人称	3人称		複数1人称	2人称	3人称	
主語人称代名詞	je ジュ	tu チュ	il イル	elle エル	nous ヌ	vous ヴ	ils イル	elles エル
強勢形	moi モヮ	toi トヮ	lui リュイ	elle エル	nous ヌ	vous ヴ	eux ウー	elles エル

強勢形は、文の主語や目的語を強調するために文の外へ取り出したり、前置詞や c'est (ce sont) の後に代名詞を置いたりする場合に使います。

Moi, je suis japonais. Et vous ? ムォワ　ジュ　スュイ　ジャポネ　　エ　　ヴ
わたしは日本人です。あなたは？

Le fils de Brigitte ? C'est lui. ル　フィス　ドゥ　ブリジット　　セ　リュイ
ブリジットの息子さん？　彼ですよ。

公式 24 帰属・所有を表す à

〈être à + 人〉は、帰属や所有を表します。
エトル ア

Cette maison est à eux. この家は彼らのものです。
セットゥ メゾン エ タ ウー

「誰の〜?」と尋ねるときには À qui est (sont) 〜？と言います。

À qui est cette maison ? この家は誰のものですか？
ア キ エ セットゥ メゾン

公式 25 形容詞の前の不定冠詞複数形

不定冠詞複数形の des は、形容詞の前では de に変わります。

des gâteaux　➡　**de bons gâteaux**
デ ガトー 　　ドゥ ボン ガトー
おいしいケーキ

形容詞が名詞の後に付くときには、不定冠詞はそのままです。

des gâteaux　➡　**des gâteaux français**
デ ガトー 　　デ ガトー フランセ
フランスのケーキ

UNITÉ
12

UNITÉ 12

練習問題 指示形容詞・人称代名詞強勢形

▶練習1 例にならって正しい指示形容詞を入れましょう。

| 例 _____ stylo est à vous ? ➡ **Ce** stylo est à vous ? |
| このペンはあなたのですか？ |

① _____ endroit est magnifique !
　　　　　（場所 m）　　　　（素晴らしい）

② Est-ce que tu aimes _____ pull ?
　　　　　　　　　　　　　　（セーター m）

③ Elle est à toi, _____ écharpe ?
　　　　　　　　　　　（マフラー f）

④ J'adore _____ biscuits !
(adorer ＝〜大好きである、〜に目がない) (ビスケット、クッキー m)

▶練習2 例にならって文を完成させましょう。

| 例 — Ce vélo est à vous ? ➡ — Oui, il est à **moi** . |
| この自転車はあなたのですか？ はい、わたしのです。 |

① — Cette voiture est à Marc ?
　➡ — Oui, elle est à _____.

② — Ces sacs sont à Pascal et Pierre ?
　➡ — Oui, ils sont à _____.

③ — Excusez-moi, M. Grand. Ce livre est à vous ?
　　　（すみません）

　➡ — Oui, il est à _____.

④ — Ce dictionnaire est à Valérie ?
        ⓕ

→ — Oui, il est à _____ .

▶練習3 例にならって文を完成させましょう。

> ⑩ — J'habite à Nice. Et vous ? → — __Moi__ , j'habite à Cannes.
> わたしはニースに住んでいます。あなたは？   わたしはカンヌに住んでいます。

① — Elle travaille dans un café. Et Paul ?
            (カフェ)

→ — _____ , il travaille dans une banque.
                                    (銀行)

② — J'aime la danse. Et Lisa et Sarah ?
          ⓕ   ⓕ

→ — _____ , elles aiment la musique.

③ — Je parle anglais. Et toi ?
→ — _____ , je parle espagnol et coréen.

③ — Nous voyageons en bus. Et eux ?
→ — _____ , ils voyagent en train.

解答と解説

▶練習1

① __Cet__ endroit est magnifique !

セッ　タンドルォワ　エ　　　マニフィック

この場所は素晴らしいです！

② Est-ce que tu aimes __ce__ pull ?

エ　ス　ク　チュ　エム　　ス　プュル

君はこのセーターが好きですか？

③ Elle est à toi, __cette__ écharpe ?

エ　レ　タ トォワ　　　セッ　　テシャルプ

このマフラーは君のですか？

④ J'adore __ces__ biscuits !

ジャドール　　セ　　ビスキュイ

わたしはこれらのクッキーに目がないです。

▶練習2

① — Cette voiture est à Marc ? ➡ — Oui, elle est à __lui__.

セットゥ　ヴォワチュール　エ　タ　マルク　　　　　　　ウィ　エ　　レ　タ　リュイ

この車はマルクの車ですか？　　　　　　　　　　　はい、彼のです。

② — Ces sacs sont à Pascal et Pierre ?

セ　　サック　ソン　タ　パスカル　エ　ピエール

これらのかばんはパスカルとピエールのですか？

➡ — Oui, ils sont à __eux__.

ウィ　イル　ソン　タ　ウー

はい、彼らのです。

③ — Excusez-moi, M. Grand. Ce livre est à vous ?

エスキュゼムォワ　ムスィュー　グラン　　ス　リーヴル　エ　タ　　ヴ

すみませんグランさん、この本はあなたのですか？

➡ — Oui, il est à __moi__.

ウィ　イ　レ　タ　ムォワ

はい、わたしのです。

④ — Ce dictionnaire est à Valérie ? ➡ — Oui, il est à __elle__.

ス　ディクスィヨネール　エ タ ヴァレリー　　　　　ウィ　イ レ タ　エル

この辞書はヴァレリーのですか？　　　　　　　　　はい、彼女のです。

▶ 練習3

① ― Elle travaille dans un café. Et Paul ?
エル　トラヴァーユ　ダン　ゼン　カフェ　エ　ポール
彼女はカフェで働いています。ポールは？

➡ ― **Lui** , il travaille dans une banque.
リュイ　イル　トラヴァーユ　ダン　ズュヌ　バンク
彼は銀行で働いています。

② ― J'aime la danse. Et Lisa et Sarah ?
ジェム　ラ　ダンス　エ　リザ　エ　サラ
わたしはダンスが好きです。リザとサラは？

➡ ― **Elles** , elles aiment la musique.
エル　エル　ゼム　ラ　ミュズィク
彼女たちは音楽が好きです。

③ ― Je parle anglais. Et toi ?
ジュ　パルル　アングレ　エ　トワ
わたしは英語を話します。君は？

➡ ― **Moi** , je parle espagnol et coréen.
ムォワ　ジュ　パルル　エスパニョル　エ　コレエン
わたしはスペイン語と韓国語を話します。

④ ― Nous voyageons en bus. Et eux ?
ヌ　ヴォワィヤジョン　アン　ビュス　エ　ウー
わたしたちはバスで旅行しています。彼らは？

➡ ― **Eux** , ils voyagent en train.
ウー　イル　ヴォワィヤジュ　アン　トレン
彼らは電車で旅行しています。

所有形容詞
▶わたしの友人です

「わたしの」「彼の」などを意味する所有形容詞について学びます。

47

❶ ― **Il habite chez ses parents ?**
イ　　　ラビットゥ　　シェ　　セ　　　　パラン

1

> **1** 所有形容詞。両親は複数なので、複数形となります。

― **Non, il habite chez son oncle.**
ノン　イ　　ラビットゥ　　シェ　　ソン　　ノンクル

❷ ― **Qui est-ce ?**
キ　エ　ス

― **C'est un de mes amis.**
セ　テン　ドゥ　メ　　ザミ

❸ ― **C'est la voiture du professeur ?**
セ　ラ　ヴォワチュール　デュ　　プロフェスール

2

> **2** 前置詞 de + 定冠詞 le → du

― **Oui, c'est sa voiture.**
ウィ　セ　サ　ヴォワチュール

日本語訳

❶ — 彼は両親と住んでいますか？

　　— いいえ、彼は伯父さんと住んでいます。

❷ — あれは誰ですか？

　　— わたしの友人（たちの中の一人）です。

❸ — あれは先生の車ですか？

　　— はい、あれは彼の車です。

Vocabulaire

名詞

□ **oncle** m　　… 伯 (叔) 父さん
　オンクル

□ **ami** m **, amie** f … 友人、恋人
　アミ　　　　アミ

前置詞

□ **chez** … 〜の家で
　シェ

UNITÉ 13

公式 26　所有形容詞の形と用法

所有形容詞は後に置かれる名詞の性・数に合わせて次のような形になります。

	男性単数	女性単数	男・女性複数
わたしの	mon モン	ma (mon) マ　モン	mes メ
君 (あなた) の	ton トン	ta (ton) タ　トン	tes テ
彼・彼女の	son ソン	sa (son) サ　ソン	ses セ
わたしたちの	notre ノートル		nos ノ
君 (あなた) たちの (あなたの)	votre ヴォートル		vos ヴォ
彼・彼女らの	leur ルール		leurs ルール

　女性単数形の ma、ta、sa は後に母音字、無音の h で始まる名詞が来るとそれぞれ mon、ton、son と、男性形と同じ形になります。

> mon‿ami　　わたしの（男性の）友人・恋人
> モ　ナミ
> mon‿amie　　わたしの（女性の）友人・恋人
> モ　ナミ

　所有形容詞の性・数は、所有物である名詞の性・数によって決まります。所有者の性・数とは関係ありません。sa voiture の sa が女性形なのは voiture が女性名詞だからで、所有者は男性でも女性でも構いません。従って sa voiture は「彼の車」と「彼女の車」の両方を意味します。

 ami(e) 「友人」、copain m、copine f 「仲間」に所有形容詞が付くと、単なる友人ではなく「特別な関係にある人」「恋人」の意味になります。単なる友人の場合は un(e) ami(e) あるいは un copain m、une copine f と不定冠詞を付けます。

前置詞 à、de と定冠詞の縮約

　前置詞 à、de の後に定冠詞 le、les が続くと、それぞれ au、aux、du、des と縮約されます。ただし le が l' となっている場合は縮約されません。

à + le ➡ au
ア　ル　　　　　オ

à + les ➡ aux
ア　レ　　　　　オ

de + le ➡ du
ドゥ　ル　　　　　デュ

de + les ➡ des
ドゥ　レ　　　　　デ

au Japon　日本に
オ　ジャポン

Il voyage du Brésil aux États-Unis.
イル ヴォワィヤージュ デュ ブレジル　オ　ゼタ　ズュニ
彼はブラジルからアメリカへ旅行します。

UNITÉ
13

UNITÉ 13

練習問題 所有形容詞

▶ **練習1** 例にならって文を完成させましょう。

> 例 _____ père est docteur. （わたしの）　➡　__Mon__ père est docteur.
> 　　　（父 m）　　（医者 m）　　　　　　　　わたしの父は医者です。

① Est-ce que _____ frère travaille ? （君の）

② _____ fils est collégien et _____ fille est écolière.（彼の）
　　　　（息子 m）　　（中学生 m）　　　　　　　（娘 f）　　（小学生 f）

③ C'est _____ moto ? （君の）
　　　　　（バイク f）

④ _____ entreprise est loin de la gare. （わたしの）
　　　　（会社 f）　　　　　　（〜から遠い）

▶ **練習2** 例にならって正しい答えに○を付けましょう。

> 例 C'est [votre / vos] voiture ?　これはあなたの車ですか？

① [Leur / Leurs] enfants sont très polis.
　　　　　　　　　　　　　　　（礼儀正しい）

② Voilà [notre / nos] train !
　　　　　　　　（電車 m）

③ Vous habitez chez [votre / vos] parents ?
　　　（〜の家で）

④ [Leur / Leurs] université est très connue.
　　　　　　　　（大学 f）　　　　　　（有名な）

▶練習3　例にならって質問に答えましょう。

> ⑨ — Est-ce votre sœur ? （わたしの） ➡ — Oui, <u>c'est ma sœur</u> .
> あれはあなたの妹ですか？ 　　　　　　　　　　はい、あれはわたしの妹です。
>
> — C'est votre mère ? （わたしの） ➡ — Non, <u>ce n'est pas ma mère</u> .
> あれはあなたのお母さんですか？ 　　　　　　　いいえ、あれはわたしの母ではありません。

① — Ce sont vos enfants ? （わたしたちの）

➡ — Oui, _____

② — C'est le professeur d'Olivier ? （彼の）
　　　　　　　　　　　　　　（オリヴィエ）

➡ — Oui, _____

③ — C'est ton école ? （わたしの）

➡ — Non, _____

④ — Est-ce votre place ? （わたしの）
　　　　　　　　　　　（席 f）

➡ — Oui, _____

⑤ — C'est la mère de Marc et Sophie ? （彼ら）
　　　　　　　　　　　　　　　　（ソフィー）

➡ — Non, _____

解答と解説

① Est-ce que __ton__ frère travaille ?

　　エ　　ス　　ク　　　トン　　フレール　トラヴァーュ

君のお兄さんは働いていますか？

② __Son__ fils est collégien et __sa__ fille est écolière.

　　ソン　　フィス　セ　　コレジエン.-　エ　　サ　　フィーユ　エ　　エコリエール

彼の息子は中学生で娘は小学生です。

③ C'est __ta__ moto ?

　　セ　　　タ　　モト

これは君のバイクですか？

④ __Mon__ entreprise est loin de la gare.

　　モン　　　　ナントルプリーゼ　ルォウェンドゥ　ラ　　ガール

わたしの会社は駅から遠いです。

① [Leur / **Leurs**] enfants sont très polis.

　　ルール　　　　ザンファン　　ソン　　トレ　　ポリ

彼らの子供たちはとても礼儀正しいです。

② Voilà [**notre** / nos] train !

　　ヴォワラ　　ノートル　　　　　　トレン

わたしたちの（乗る）電車が来ました！

③ Vous habitez chez [votre / **vos**] parents ?

　　ヴ　　ザビテ　　シェ　　　　　　ヴォ　　パラン

あなたは両親と一緒に住んでいますか？

④ [**Leur** / Leurs] université est très connue.

　　ルー　　　　　　　リュニヴェルスィテ　エ　　トレ　　コニュ

彼らの大学はとても有名です。

136

▶練習3

① — Ce sont vos enfants ?　あれはあなたたちの子供たちですか？
　　　ス　　ソン　　ヴォ　　ザンファン

　➡ — Oui, **ce sont nos enfants.**
　　　　　ウィ　　ス　　ソン　　ノ　　ザンファン
　　　はい、あれはわたしたちの子供たちです。

② — C'est le professeur d'Olivier ?　あれはオリヴィエの先生ですか？
　　　セ　　ル　　プロフェスール　　ドリヴィエ

　➡ — Oui, **c'est son professeur.**
　　　　　ウィ　　セ　　ソン　　プロフェスール
　　　はい、あれは彼の先生です。

③ — C'est ton école ?　あれは君の学校ですか？
　　　セ　　トン　　ネコール

　➡ — Non, **ce n'est pas mon école.**
　　　　　ノン　　ス　　ネ　　パ　　モン　　ネコール
　　　いいえ、あれはわたしの学校ではありません。

④ — Est-ce votre place ?　それはあなたの席ですか？
　　　エ　　ス　　ヴォートル　　プラス

　➡ — Oui, **c'est ma place.**
　　　　　ウィ　　セ　　マ　　プラス
　　　はい、これはわたしの席です。

⑤ — C'est la mère de Marc et Sophie ?
　　　セ　　ラ　　メール　　ドゥ　　マルク　　エ　　ソフィー
　　　あれはマルクとソフィーのお母さんですか？

　➡ — Non, **ce n'est pas leur mère.**
　　　　　ノン　　ス　　ネ　　パ　　ルール　　メール
　　　いいえ、あれは彼らのお母さんではありません。

数詞
▶4人子供がいます

フランス語の数詞は、特に70から99までが独特な
数え方をするので、使いこなせるように覚えましょう。

(50)

❶ **Elle⌢a quatre⌢enfants.**

  エ   ラ   <u>カ</u>   トラン   ファン

          1

> **1** 1以外の数詞には、女性形と
> 男性形の区別はありません。

❷ **— Trois demis et deux cafés,**

    トルォワ   ドゥミ   エ   ドゥー   カフェ

  s'il vous plaît.

    スィル   ヴ   プレ

  — 12,90 euros.

    ドゥーズー カトルヴェンディス

❸ **Il y a 930 kilomètres entre Paris**

  イ リ ヤ <u>ヌフサントラントゥ</u>   キロメトル   アントル   パリ

              2

> **2** 930 = neuf cent trente

  et Nice.

    エ   ニース

> 12,90 euros は、douze euros quatre-vingt-dix centimes とも読みます。
> サンチーム

学習のポイント
- 数え方を覚える

日本語訳

❶ 彼女は四人子供がいます。

❷ — 生ビールを三つとコーヒーを二つください。

　 — 12.90ユーロになります。

❸ パリとニースの間には930キロの距離があります。

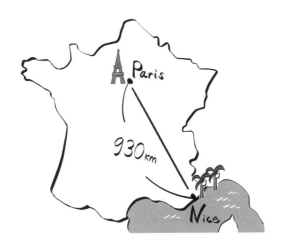

Vocabulaire

51

名詞

□ **demi** ⓜ … 生ビール
　ドゥミ

□ **euro** ⓜ … ユーロ
　ウーロ

□ **kilomètre** ⓜ … キロメートル
　キロメトル

前置詞

□ **entre A et B** … AとBの間に
　アントル　ア　エ　ベ

公式 28 数詞 🎧52

0	**zéro** ゼロ	11	**onze** オンズ	22	**vingt-deux** ヴェントゥ ドゥー	
1	**un** [œ̃]**, une** [yn] エン　ユヌ	12	**douze** ドゥーズ	30	**trente** トラントゥ	
2	**deux** ドゥー	13	**treize** トレーズ	31	**trente‿et un(e)** トラン　テ　エン（ユヌ）	
3	**trois** トルォワ	14	**quatorze** カトールズ	32	**trente-deux** トラントゥ　ドゥー	
4	**quatre** カトル	15	**quinze** ケンズ	40	**quarante** カラントゥ	
5	**cinq** [sɛ̃(:)k] センク	16	**seize** セーズ	41	**quarante‿et un(e)** カラン　テ　エン（ユヌ）	
6	**six** スィス	17	**dix-sept** ディセットゥ	42	**quarante-deux** カラントゥ　ドゥー	
7	**sept** [sɛt] セットゥ	18	**dix-huit** ディズュイットゥ	50	**cinquante** センカントゥ	
8	**huit** ユイットゥ	19	**dix-neuf** ディズヌフ	51	**cinquante‿et un(e)** センカン　テ　エン（ユヌ）	
9	**neuf** ヌフ	20	**vingt** [vɛ̃] ヴェン	60	**soixante** スォワサントゥ	
10	**dix** ディス	21	**vingt‿et un(e)** ヴェン　テ　エン（ユヌ）	61	**soixante‿et un(e)** スォワサン　テ　エン（ユヌ）	

　1だけは男性形 (un)、女性形 (une) の区別があります。

　5、6、8、10は単独で数字を言うときは語尾子音を読みますが、後に名詞が付くときは、多くは語尾子音を発音しません。ただし母音字、無音の h で始まる語の前では cinq は [k] を、huit は [t] を発音し、six と dix の -x は [z] とリエゾンされます（最近は cinq の [k] などは常に発音する傾向もあるようです）。

　また neuf の f は neuf ans（9年、9歳）と neuf heures（9時、9時間）
ヌヴァン　　　　　　　　　　　　　　　　　ヌヴール
のときだけ [v] と読み、それ以外は [f] と読みます。

70	soixante-dix スォワサントゥ　ディス	100	cent [sɑ̃] サン
71	soixante^et onze スォワサン　テ　オンズ	200	deux cents ドゥー　サン
72	soixante-douze スォワサントゥ　ドゥーズ	203	deux cent trois ドゥー　サン　トルォワ
80	quatre-vingts カトル　ヴェン	1000	mille [mil] ミル
81	quatre-vingt un(e) カトル　ヴェン　エン〔ユヌ〕	2000	deux mille ドゥー　ミル
82	quatre-vingt-deux カトル　ヴェン　ドゥー	10 000	dix mille ディ　ミル
90	quatre-vingt-dix カトル　ヴェン　ディス	100 000	cent mille サン　ミル
91	quatre-vingt-onze カトル　ヴェン　オンズ	1 000 000	un million エン　ミリオン
99	quatre-vingt-dix-neuf カトル　ヴェン　ディズヌフ		

　21から69までは10の位と1の位を合わせればよいのですが、21、31など1の位が1のときだけ et を挟みます。

　70～79は60に10、11、12、13... を付けて作ります。71のときだけ et を挟みます。

　80～99は80 = quatre-vingt（つまり4×20）に1～19までを加えます。80のときだけ -vingt の語尾に s が付き -vingts になります。

　81以上は1の位が1のときも et を挟みません。

　100の位が2～9のとき、deux cents, trois cents など端数がない場合は cent に s が付きますが、deux cent six (206)、trois cent dix (310) など端数がある場合 cent に s は付きません。

練習問題 数詞

▶練習1　例にならって数詞を数字で書きましょう。

| 例 treize | ➡ | 13 |

① vingt-neuf　　　　　　➡ _____

② trente-cinq　　　　　　➡ _____

③ soixante et un　　　　➡ _____

④ soixante-quinze　　　➡ _____

⑤ quatre-vingt-sept　　➡ _____

▶練習2　例にならって数詞をアルファベで書きましょう。

| 例 5 | ➡ | cinq |

① 14　➡ _____

② 46　➡ _____

③ 80　➡ _____

④ 98　➡ _____

▶練習3　例にならって電話番号を書きましょう。
（注意：電話番号は二桁ずつ区切って読みます）

> 🔹 zéro un, trente-trois, soixante-seize, dix, quatre-vingt-dix-neuf
> ➡ <u>01</u>　<u>33</u>　<u>76</u>　<u>10</u>　<u>99</u>

① zéro cinq, soixante-sept, quarante-deux,
vingt-quatre, cinquante-neuf

　➡ ＿＿＿＿　＿＿＿＿　＿＿＿＿　＿＿＿＿　＿＿＿＿

② zéro quatre, soixante et onze, quatre-vingt-seize,
zéro huit, douze

　➡ ＿＿＿＿　＿＿＿＿　＿＿＿＿　＿＿＿＿　＿＿＿＿

③ zéro trois, cinquante, quatre-vingt-huit,
quatre-vingts, quinze

　➡ ＿＿＿＿　＿＿＿＿　＿＿＿＿　＿＿＿＿　＿＿＿＿

解答と解説

▶練習1

① vingt-neuf
ヴェントゥヌフ
➡ __29__

② trente-cinq
トラントゥセンク
➡ __35__

② soixante et un
スォワサン　テ　エン
➡ __61__

④ soixante-quinze
スォワサントゥ　　ケンズ
➡ __75__

⑤ quatre-vingt-sept
カトル　　ヴェン　セットゥ
➡ __87__

▶練習2

① 14
➡ __quatorze__
カトールズ

② 46
➡ __quarante-six__
カラントゥ　　スィス

② 80
➡ __quatre-vingts__
カトル　　　ヴェン

④ 98
➡ __quatre-vingt-dix-huit__
カトル　　ヴェン　ディズュイットゥ

144

▶ 練習3

① zéro cinq, soixante-sept, quarante-deux,
　　ゼロ　　センク　　スォワサントゥ セットゥ　　カラントゥ　　ドゥー

vingt-quatre, cinquante-neuf
ヴェントゥ　カトル　　　センカントゥ　　ヌフ

→　05　　67　　42　　24　　59

② zéro quatre, soixante et onze, quatre-vingt-seize,
　　ゼロ　　カトル　　　スォワサン　テ　オンズ　　カトル　　ヴェン　セーズ

zéro huit, douze
ゼロ　ュイットゥ　ドゥーズ

→　04　　71　　96　　08　　12

③ zéro trois, cinquante, quatre-vingt-huit, quatre-vingts,
　　ゼロ　トルォワ　　センカントゥ　　カトル　ヴェンチュイットゥ　カトル　　ヴェン

quinze
ケンズ

→　03　　50　　88　　80　　15

UNITÉ 15

疑問形容詞 quel
▶何時ですか？

「どの」「どんな」を意味する疑問形容詞 quel と、それを使った時刻や年齢の尋ね方を学びます。

 53

❶ **Quel^est le numéro de**

ケ　　　　　　レ　　ル　　　　　ニュメロ　　　　　ドゥ

1

> **1** être を使った構文の属詞としての quel

téléphone de Franck ?

テレフォヌ　　　　　ドゥ　　　　フランク

❷ — **Quelle^heure est‐il ?**

ケ　　　　　　　　ルール　　　　エ　　チル

2

> **2** 名詞に直接つく quel

— **Il^est dix‿heures cinq.**

イ　　レ　　　ディ　　　　　ズール　　　　　センク

3

> **3** 1時以外は、heures と複数形

❸ — **Quel^âge as‐tu ?**

ケ　　　ラージュ　ア　　チュ

— **J'ai dix‐neuf^ans.**

ジェ　　ディズ　　　　ヌ　　　　ヴァン

4

> **4** 発音に注意

146

学習のポイント

- 疑問形容詞 quel
- 年齢・時刻・日付の表現

日本語訳

❶ フランクの電話番号は何番ですか？

❷ ― 何時ですか？

　― 10時5分です。

❸ ― 君は何歳ですか？

　― 19歳です。

Vocabulaire

名詞 🎧54

☐ **numéro de téléphone** Ⓜ … 電話番号
　ニュメロ　ドゥ　テレフォヌ

☐ **heure** Ⓕ … 時間、～時
　ウール

☐ **âge** Ⓜ … 年齢
　アージュ

☐ **an** Ⓜ … 年、歳
　アン

UNITÉ 15

公式 29 疑問形容詞 quel

「どんな」「どの」を意味する疑問形容詞 quel は、性・数によって四つの形に変化しますが、発音はすべて同じです。

	単数	複数
男性	quel ケル	quels ケル
女性	quelle ケル	quelles ケル

疑問形容詞も普通の形容詞と同じように、名詞に直接付く場合と、être を使った構文の属詞となる場合とがあります。属詞となるときは文頭に置かれ、単数なら Quel(le) est 〜 ?、複数なら Quel(le)s sont 〜 ? となります。

公式 30 年齢・時刻・日付の表現

年齢を尋ねるときは âge（年齢）、答えるときは an（年）を、動詞 avoir とともに使います。

> — Quel‿âge avez-vous ? あなたは何歳ですか？
>   ケ　　ラージュ　アヴェ　　　ヴ
> — J'ai vingt-trois ans. 23歳です。
>   ジェ　ヴェントゥ トルォワ　ザン

時刻は非人称の il を使って表現します。「何時何分」の「時」は heure で、「分」は数詞のみで表します。

> — Quelle‿heure est‿il ? 何時ですか？
>   ケ　　　ルール　　エ　チル
> — Il est six‿heures cinq. 6時5分です。
>   イ レ スィ　ズール　センク

 heure は女性名詞なので、「1時」は une heure となります。また1時以外は heure は複数形になるので s が付きます。

148

「15分」と「30分」は、数詞よりも quart（4分の1、15分）、demie（半、30分）という語がよく使われます。

deux heures et demie ドゥー　ズー　レ　ドゥミ	2時半
trois heures et quart トルォワ　ズー　レ　カール	3時15分
sept heures moins le quart セッ　トゥール　ムォワン　ル　カール	7時15分前（6時45分）

「15分前」のときは定冠詞 le が付きます。

 ❶ 24時間制の表現では、demie、quart、moins を用いた言い方はしません。

Il est dix-sept heures trente.　17時30分です。
イ　レ　ディセッ　トゥール　トラントゥ

❷ 口語では「何時ですか?」を Vous avez l'heure? とも言います。
ヴ　ザヴェ　ルール

 Colonne　曜日

lundi レンディ	月曜日	**vendredi** ヴァンドルディ	金曜日
mardi マルディ	火曜日	**samedi** サムディ	土曜日
mercredi メルクルディ	水曜日	**dimanche** ディマンシュ	日曜日
jeudi ジュディ	木曜日		

曜日を尋ねるときは　**Quel jour est-ce (sommes-nous) aujourd'hui ?**
　　　　　　　　　　ケル　ジュール　エ　ス　　ソム　　ヌ　　オジュールドュイ
　　　　　　　　　今日は何曜日ですか?

答えは　**C'est (Nous sommes) mardi.**
　　　　　セ　ヌ　ソム　マルディ
　　　火曜日です。

UNITÉ 15

練習問題 **疑問形容詞 quel**

▶練習1 例にならって quel、quelle を入れて、文を完成させましょう。

> 例 _____ est votre nom ? ➡ **Quel** est votre nom ?
> （名字、名前 m）　　　　お名前は何ですか？

① _____ est votre prénom ?
（名、ファーストネーム m）

② _____ est votre date de naissance ?
（生年月日、誕生日 f）

③ _____ est votre adresse ?
（住所 f）

④ _____ est votre profession ?
（職業 f）

▶練習2 例にならって質問に quel、quelle、quels、quelles を入れ、答えに mon、ma、mes を入れて文を完成しましょう。

> 例 — _____ est votre sport préféré ?
> 　　　　　　　m 　（好きな）
> — _____ sport préféré est la danse.
> 　　　　　　　　　（ダンス f）
> ➡ — **Quel** est votre sport préféré ?
> 　 あなたの好きなスポーツは何ですか？
> — **Mon** sport préféré est la danse.
> 　 わたしの好きなスポーツはダンスです。

① — _____ est votre plat préféré ?
（料理 m）

— _____ plat préféré est la bouillabaisse.
（ブイヤベース f）

150

② — _____ sont vos chanteurs préférés ?

（歌手 m）

— _____ chanteurs préférés sont

Georges Brassens et Francis Cabrel.

（ジョルジュ・ブラッサンス）　　　（フランシス・カブレル）

③ — _____ est votre boisson préférée ?

（飲み物 f）

— _____ boisson préférée est le vin rouge.

▶ 練習3　例にならって質問に答えましょう。

> 例 — Quel âge a Thomas ?（23歳）➡ — **Il a vingt-trois ans.**
> 　　トマは何歳ですか？　　　　　　　　　彼は23歳です。
> 　 — Quelle heure est-il ?（8時半）➡ — **Il est huit heures et demie.**
> 　　何時ですか？　　　　　　　　　　　　8時半です。

① — Quel âge a Takako ?（35歳）

➡ — _____

② — Quelle heure est-il ?（18時40分）

➡ — _____

③ — Quel âge as-tu ?（16歳）

➡ — _____

U N I T É 15

解答と解説

▶ 練習1

① __Quel__ est votre prénom ?

　　　ケ　　　レ　ヴォートル　　プレノン

あなたの名は何ですか？

② __Quelle__ est votre date de naissance ?

　　　ケ　　　レ　ヴォートル　ダットゥ　ドゥ　　　ネッサンス

あなたの生年月日はいつですか？

③ __Quelle__ est votre adresse ?

　　　ケ　　　レ　ヴォー　トラ　　　ドレス

あなたの住所はどこですか？

④ __Quelle__ est votre profession ?

　　　ケ　　　レ　ヴォートル　プロフェスィヨン

あなたの職業は何ですか？

▶ 練習2

① — __Quel__ est votre plat préféré ?

　　　　　ケ　　　レ　ヴォートル　プラ　　プレフェレ

　　あなたの好きな料理は何ですか？

➡ — __Mon__ plat préféré est la bouillabaisse.

　　　　モン　　プラ　プレフェレ　エ　ラ　　　　ブィヤベース

　　わたしの好きな料理はブイヤベースです。

② — __Quels__ sont vos chanteurs préférés ?

　　　ケル　　　ソン　ヴォ　シャントゥール　　プレフェレ

　　あなたの好きな歌手は誰ですか？

➡ — __Mes__ chanteurs préférés sont Georges Brassens

　　　メ　　　シャントゥール　　プレフェレ　ソン　　ジョルジュ　　　プラサンス

et Francis Cabrel.

エ　フランスィス　　カブレル

　　わたしの好きな歌手はジョルジュ・ブラッサンスとフランシス・カブレルです。

③ — __Quelle__ est votre boisson préférée ?
ケ　　　レ　ヴォートル　ブォワソン　　プレフェレ

あなたの好きな飲み物は何ですか？

➡ — __Ma__ boisson préférée est le vin rouge.
ブォワソン　　プレフェレ　　エ　ル　ヴェン　ルージュ

わたしの好きな飲み物は赤ワインです。

▶練習3

① — Quel âge a Takako ？　タカコは何歳ですか？
ケ　ラージュ　ア　　タカコ

➡ — __Elle a trente-cinq ans.__
エ　ラ　トラントゥ　　セン　　カン

彼女は35歳です。

③ — Quelle heure est-il ？　何時ですか？
ケ　　　ルール　エ　チル

➡ — __Il est dix-huit heures quarante.__
イ　レ　ディズュイッ　　トゥール　　　カラントゥ

18時40分です。

③ — Quel âge as-tu ？　君は何歳ですか？
ケ　ラージュ　ア　チュ

➡ — __J'ai seize ans.__
ジェ　　セー　　ザン

わたしは16歳です。

▶練習1　例にならって文を完成させましょう。

> 例 — Il _____ du vin ? (acheter) — Non, il n'_____ pas de vin.
> ➡ — Il **achète** du vin ?　　　— Non, il n'**achète** pas de vin.
> 　　彼はワインを買いますか？　　　　いいえ、彼はワインを買いません。

① — Vous _____ le matin ou le soir ? (préférer)

　— Je _____ le soir.

② — Vous _____ chez Paul ? (manger)

　— Non, nous _____ chez Marc.

③ — Vous _____ une maison ou un appartement ? (acheter)

　— J'_____ une maison.

▶練習2　例にならって文を完成させましょう。

> 例 — Cette voiture est à vous ?　➡　— Oui, elle est à **moi**.
> 　　この車はあなたのですか？　　　　　はい、わたしのです。

① — Ce livre est à Monsieur Jean ?

　— Oui, il est à _____.

② — Cet appartement est à David et Miki ?

　— Oui, il est à _____.

③ — Ces tableaux sont à vous, Laure ?

　— Oui, ils sont à _____.

例にならって、所有形容詞を使い、質問に答えましょう。

例	— C'est votre chat ? ➡ — <u>**Oui, c'est mon chat.**</u>
	これはあなたの猫ですか？　　はい、わたしの猫です。

① — C'est l'ordinateur de Thierry ?

　➡ — Oui, _____

② — C'est votre chanteur préféré ?

　➡ — Oui, _____

③ — Eric, Vincent, ce sont vos sacs ?

　➡ — Oui, _____

例にならって、質問に quel、quelle を入れ、答えのカッコ内の
数字をアルファベで書きましょう。

例	— _____ est votre adresse ?　　— (13), rue de l'Église.
➡	— <u>**Quelle**</u> est votre adresse ?　— <u>**Treize**</u> , rue de l'Église.
	あなたの住所はどこですか？　　　教会通り13番です。

① — _____ est votre âge ?

　— J'ai (26) ans.

　　J'ai _____ ans.

② — _____ est votre adresse ?

　— (67), rue des (4) Saisons.

　　_____ , rue des _____ Saisons.

③ — _____ est votre numéro de téléphone ?

　— C'est le (05 72 97 34 51).

　　C'est le _____.

▶ 練習1

① — Vous **préférez** le matin ou le soir ?
ヴ　　プレフェレ　　ル　マテン　　ウ　ルスォワール
あなたは朝と夜のどちらが好きですか？

➡ — Je **préfère** le soir.
ジュ　プレフェール　ルスォワール
わたしは夜の方が好きです。

② — Vous **mangez** chez Paul ?
ヴ　　マンジェ　　シェ　ポール
あなたたちはポールの家で食べますか？

➡ — Non, nous **mangeons** chez Marc.
ノン　ヌ　　マンジョン　　シェ　マルク
いいえ、わたしたちはマルクの家で食べます。

③ — Vous **achetez** une maison ou un appartement ?
ヴ　　ザシュテ　　ユヌ　メゾン　ウ　エン　　ナパルトゥマン
あなたは家とマンションのどちらを買いますか？

➡ — J'**achète** une maison.
ジャシェッ　チュヌ　メゾン
わたしは家を買います。

▶ 練習2

① — Ce livre est à Monsieur Jean ?
ス　リーヴル　エ　タ　ムスィュー　ジャン
この本はジャンさんのですか？

➡ — Oui, il est à **lui**. はい、彼のです。
ウィ　イ　レ　タ　リュイ

② — Cet appartement est à David et Miki ?
セッ　タパルトゥマン　エ　タ　ダヴィッドゥ エ　ミキ
このアパルトマンはダヴィッドとミキのですか？

➡ — Oui, il est à **eux**. はい、彼らのです。
ウィ　イ　レ　タ　ウー

③ — Ces tableaux sont à vous, Laure ?
セ　タブロー　ソン　タ　ヴ　ロール
ロール、これらの絵はあなたのですか？

➡ — Oui, ils sont à **moi**. はい、わたしのです。
ウィ　イル　ソン　タ　ムォワ

156

▶練習 3

① — C'est l'ordinateur de Thierry ?　これはティエリのパソコンですか？
　　セ　　ロルディナトゥール　ドゥ　　チエリ

　➡ — Oui, **c'est son ordinateur.**
　　　　ウィ　　　セ　　ソン　　ノルディナトゥール
　　　はい、彼のパソコンです。

② — C'est votre chanteur préféré ?　この人はあなたの好きな歌手ですか？
　　セ　　ヴォートル　シャントゥール　プレフェレ

　➡ — Oui, **c'est mon chanteur préféré.**
　　　　ウィ　　　セ　　モン　　シャントゥール　　プレフェレ
　　　はい、わたしの好きな歌手です。

③ — Eric, Vincent, ce sont vos sacs ?
　　エリック　ヴェンサン　ス　ソン　ヴォ　サック
　　エリック、ヴェンサン、これらはあなたたちのバッグですか？

　➡ — Oui, **ce sont nos sacs.**
　　　　ウィ　ス　ソン　ノ　サック
　　　はい、わたしたちのバッグです。

▶練習 4

① — <u>**Quel**</u> est votre âge ?　あなたは何歳ですか？
　　　ケ　　　レ　ヴォートラージュ

　➡ — J'ai **vingt-six** ans.　わたしは26歳です。
　　　　ジェ　ヴェントゥ　スィ　ザン

② — <u>**Quelle**</u> est votre adresse ?　あなたの住所は？
　　　ケ　　　レ　ヴォー　トラ　　ドレス

　➡ — <u>**Soixante-sept**</u> rue des <u>**Quatre**</u> Saisons.
　　　スォワサントゥ　セットゥ　リュ　デ　　カトル　　　　セゾン
　　　カトルセゾン（＝四季）通り67です。

③ — <u>**Quel**</u> est votre numéro de téléphone ?
　　　ケ　　　レ　ヴォトル　ニュメロ　ドゥ　テレフォヌ
　　　あなたの電話番号は何番ですか？

　➡ — C'est le **zéro cinq, soixante-douze, quatre-vingt-**
　　　セ　ル　ゼロ　センク　スォワサントゥ　ドゥーズ　カトル　　ヴェン

　　　dix-sept, trente-quatre, cinquante et un .
　　　ディセットゥ　トラントゥ　カトル　　センカン　　テ　エン
　　　05−72−97−34−51です。

Colonne 月・日付

janvier ジャンヴィエ	1月	**juillet** ジュイエ	7月
février フェヴリエ	2月	**août** ウ(トゥ)	8月
mars マルス	3月	**septembre** セプタンブル	9月
avril アヴリル	4月	**octobre** オクトーブル	10月
mai メ	5月	**novembre** ノヴァンブル	11月
juin ジュエン	6月	**décembre** デサンブル	12月

注意：février は [fe-vri-je] の 3 音節です。 août は [ut] または [u] と発音します。

　日付は定冠詞＋数詞で表します。 ただし「ついたち（1日）」だけは序数詞 le premier (1er) を用います。 11日 le onze はエリズィヨンしません。
　　　　プルミエ

— **Quelle est la date d'aujourd'hui ?**　　　今日の日付は？
　　ケ　　レ　ラ　ダットゥ　　ドジュールデュイ

答えは、

— **Nous sommes <u>le</u> (samedi) 17 mai 2008.** 2008年 5 月17日 (土曜日) です。
　　ヌ　　　ソム　　ル　　サムディ　ディセットゥメドゥーミルュイットゥ
　　　　　　　　　↑
　　　　　　　冠詞 le が付きます。
　　　　　　　曜日を入れる場合は定冠詞と数詞の間に入れます。

文法編④

よく使われる動詞や、
副詞についての文法事項を学びます。

Opéra

不定形が -ir で終わる動詞
▶何時に終わりますか?

不定形が -ir で終わる動詞のうち「第2群規則動詞」と呼ばれる
グループは、「-er 動詞」とともにフランス語の規則動詞の代表です。

❶ — **Vous finissez à quelle‿heure ?**
　　　ヴ　　　フィニセ　　　ア　　　ケ　　　　ルール
　　　　　　　　　1

> 1 第2群規則動詞　finir

— **Nous finissons à 18 heures.**
　　ヌ　　　　フィニソン　　　ア　ディズュイットゥール

❷ **Tu pars déjà ?**
　チュ　パール　デジャ
　　　　2

> 2 partir 型動詞　partir

— **Oui, je sors avec Sophie ce**
　ウィ　ジュ　ソール　アヴェック　ソフィー　ス
　　　　　　3

> 3 partir 型動詞　sortir

soir.
スォワール

学習のポイント

● -ir 動詞（第2群規則動詞）の活用
● 不定形が -ir で終わる partir 型、ouvrir 型の動詞

日本語訳

❶ — あなたたちは何時に（仕事が）終わりますか？

　— わたしたちは18時に終わります。

❷ — あなたはもう出掛けるの？

　— はい、今夜はソフィーと外出するんです。

Vocabulaire

副詞

□ **déjà** … もう、すでに
デジャ

動詞 🎧57

□ **finir** … 終える、終わる
フィニール

□ **partir** … 出発する
パルチール

□ **sortir** … 出掛ける
ソルチール

UNITÉ

16

161

UNITÉ 16

公式 31 -ir 動詞 （第 2 群規則動詞）

　　不定形が -ir で終わる動詞は、大きく三つのグループに分かれます。その中で一番大きなグループは、-er 動詞の次に数が多く、「-ir 動詞」または「第 2 群規則動詞」と呼ばれます。活用は以下の通りです。

finir　終わる フィニール	単数		複数	
1 人称	je ジュ	finis フィニ	nous ヌ	finissons フィニソン
2 人称	tu チュ	finis フィニ	vous ヴ	finissez フィニセ
3 人称男性	il イル	finit フィニ	ils イル	finissent フィニス
3 人称女性	elle エル	finit フィニ	elles エル	finissent フィニス

　　複数人称の語幹が -ss- となるのが特徴です。

finir 型の動詞：

choisir ショワズィール	選ぶ	**grandir** グランディール	大きくなる、成長する
guérir ゲリール	治る	**réussir** レユスィール	成功する　　　　など

公式 32 不定形が -ir となるその他の動詞

　　第 2 群規則動詞以外で不定形が -ir となる動詞は、次の二つの型に大別されます。それぞれを「partir 型」「ouvrir 型」と呼ぶことにします。

partir 出発する パルチール	単数	複数
1人称	je pars ジュ パール	nous partons ヌ パルトン
2人称	tu pars チュ パール	vous partez ヴ パルテ
3人称男性	il part イル パール	ils partent イル パルトゥ
3人称女性	elle part エル パール	elles partent エル パルトゥ

partir 型の動詞:

dormir 眠る ドルミール	mentir うそをつく マンチール
sentir 感じる サンチール	sortir 外出する など ソルチール

ouvrir 開ける ウヴリール	単数	複数
1人称	j'ouvre ジューヴル	nous‿ouvrons ヌズヴロン
2人称	tu ouvres チュ ウーヴル	vous‿ouvrez ヴズヴレ
3人称男性	il‿ouvre イルーヴル	ils‿ouvrent イルズーヴル
3人称女性	elle‿ouvre エルーヴル	elles‿ouvrent エルズーヴル

ouvrir 型の動詞:

couvrir おおう クヴリール	découvrir 発見する デクヴリール
offrir 提供する オフリール	souffrir 苦しむ など スフリール

> ouvrir 型の活用語尾は第1群規則動詞 (-er 動詞) と同じです。

UNITÉ 16

練習問題 不定形が -ir で終わる動詞

▶練習1 例にならい主語に合わせて正しい活用を入れましょう。

> 例 Il _____ à 17h00. (finir) ➡ Il **finit** à 17h00.
> 彼は午後5時に（仕事が）終わります。

① Vous _____ déjà ? (partir)

② Tu _____ le vin ? (choisir)

③ Je ne _____ jamais. (mentir)
（決して…ない）

④ Nous _____ des fleurs à Marie. (offrir)
（花）

⑤ Est-ce qu'elles _____ ce soir ? (sortir)

▶練習2 例にならって正しい活用に○を付けましょう。

> 例 Il ne [guérit / guérissent] pas vite.
> 彼はすぐには治らない。

① Est-ce que vous [finissez / finirez] tard aujourd'hui ?
（遅く）

② Cet enfant [grandisse / grandit] vite.

③ Elles [atterrit / atterrissent] à Osaka.
（着陸する）

④ Ce magasin [ouvrit / ouvre] à quelle heure ?

　例にならって質問に答えましょう。

例　— Est-ce que vous rougissez facilement ? (oui)
　あなたは簡単に（すぐに）顔が赤くなりますか？

➡ — **Oui, je rougis facilement.**
　はい、簡単に赤くなります。

— Est-ce que vous sortez vendredi ?　(non / samedi)
　あなたは金曜日に出掛けますか？

➡ — **Non, je ne sors pas vendredi, je sors samedi.**
　いいえ、わたしは金曜日ではなく土曜日に出掛けます。

① — **Est-ce que vous dormez beaucoup ?　(oui)**
　　　　　　　　　　　　（たくさん）

➡ — _____

② — **Est-ce qu'il part en train ?　(non / en avion)**
　　　　　　　　　（電車で）　　　　　　　（飛行機で）

➡ — _____

③ — **Vous choisissez la tarte ? (non / la crème brûlée)**
　　　　　　　　　（タルト）　　　　　　（クレーム・ブリュレ）

➡ — _____

U
N
I
T
É
16

解答と解説

▶練習1

① Vous **partez** déjà ?

あなたはもう出発しますか？

② Tu **choisis** le vin ?

君はワインを選んでくれますか？

③ Je ne **mens** jamais.

わたしは決してうそをつきません。

④ Nous **offrons** des fleurs à Marie.

わたしたちはマリーに花を贈ります。

⑤ Est-ce qu'elles **sortent** ce soir ?

彼女たちは今夜出掛けますか？

▶練習2

① Est-ce que vous [**finissez** / finirez] tard aujourd'hui ?

あなたは今日（仕事が）遅く終わりますか？

② Cet enfant [grandisse / **grandit**] vite.

この子が大きくなるのは早いです。

③ Elles [atterrit / **atterrissent**] à Osaka.

彼女たち（の飛行機）は大阪に着陸します。

④ Ce magasin [ouvrit / **ouvre**] à quelle heure ?

この店は何時に開きますか？

166

▶練習3

① ― Est-ce que vous dormez beaucoup ?

あなたはたくさん寝ますか？

➡ ― **Oui, je dors beaucoup.**

はい、わたしはたくさん寝ます。

② ― Est-ce qu'il part en train ?

彼は電車で出発しますか？

➡ ― **Non, il ne part pas en train, il part en avion.**

いいえ、彼は電車ではなく、飛行機で出発します。

③ ― Vous choisissez la tarte ?

あなたはタルトにしますか？

➡ ― **Non, je ne choisis pas la tarte, je choisis la crème brûlée.**

いいえ、わたしはタルトにしないで、クレーム・ブリュレにします。

疑問副詞
▶どちらにお住まいですか？

場所や時、量などを尋ねるいろいろな疑問副詞について学びます。 🎧59

❶ — **Où habitez-vous ?**
　　　ウ　　　アビテ　　　　ヴ

　 —**J'habite à Dijon.**
　　 ジャビッ　　タ　ディジョン

❷ — **Quand arrive-t-elle ?**
　　　カン　　　　　アリヴテル

　 — **Elle arrive demain.**
　　　エ　　　ラリヴ　　　ドゥメン

❸ — **Combien de DVD avez-vous ?**
　　　コンビエン　　ドゥ　デヴェデ　　　アヴェヴ
　　　　　　　　1

> 1 combien de + 無冠詞名詞

　 —**J'ai beaucoup de DVD.**
　　 ジェ　　　ボークー　　　ドゥ　デヴェデ
　　　　　　　　2

> 2 beaucoup de + 無冠詞名詞

> ✎ DVDのような略号は複数でも -s は付けません。

学習のポイント

- 疑問副詞
- 分量を表す表現

日本語訳

❶ — どちらにお住まいですか？

　　— ディジョンに住んでいます。

❷ — 彼女はいつ着きますか？

　　— 明日着きます。

❸ — DVDを何枚持っていますか？

　　— DVDはたくさん持っています。

Vocabulaire

副詞	疑問副詞	

副詞

□ **demain** … 明日
　ドゥメン

疑問副詞

□ **où** … どこに、どこへ
　ウ

□ **quand** … いつ
　カン

□ **combien** … どのくらい、いくら、いくつ
　コンビェン

169

UNITÉ 17

公式 33　疑問副詞

時・場所・理由・量などを尋ねる疑問副詞には、次のようなものがあります。

où ウ	どこに、どこへ（「どこから」は d'où）
quand カン	いつ
comment コマン	どのように
combien コンビェン	どのくらい
pourquoi プルクォワ	なぜ

combien は単独で使われる場合と、〈combien de ＋ 無冠詞名詞〉の形で使われる場合があります。

Combien y a-t-il d'ici à la gare ?
ここから駅までどのくらい（の距離）ですか？

Combien d'enfants avez-vous ?
何人お子さんがいらっしゃいますか？

 combien と de を離して使うこともあります。
Combien avez-vous d'enfants ?

pourquoi~?「なぜ～?」に対しては parce que~「～だから」、または pour ＋ 不定形「～のために」で答えます。

— Pourquoi n'est-il pas là ?
なぜ彼はいないのですか？

— Parce qu'il est malade.
病気だからです。

170

疑問副詞の中で pourquoi だけは、名詞が主語のときは代名詞で受け直して倒置形を作ります。

Pourquoi Paul n'est-il pas là ?
ポールはなぜいないのですか？

公式 34　分量を表す表現

combien de のように、de の後に無冠詞名詞を置いて分量を表す表現には次のようなものがあります。

beaucoup de ~　　　多くの〜
un peu de ~　　　少しの〜
peu de ~　　　わずかの〜
assez de ~　　　十分な〜
trop de ~　　　あまりに多くの〜

de の後に置かれる名詞は数えられるものなら複数形、数えられないものなら単数形です。

UNITÉ 17

練習問題 疑問副詞

▶練習1 où、quand、combien、comment、pourquoi のうち適当な
疑問副詞を入れましょう。

① — _____ partez-vous en France ?
— Je pars demain.

② — _____ est-ce que vous ne sortez pas ce
soir ?
— Parce que je travaille.

③ — _____ de langues parlez-vous ?
（言語）
— Je parle trois langues : le japonais, le français et
l'anglais.

④ — _____ est-ce que vous réglez ?
— Je règle par carte.
(régler par carte ＝カードで払う)

⑤ — _____ habitez-vous ?
— J'habite à Aix-en-Provence.
（エクサンプロヴァンス）

▶練習 2　例にならって質問を正しい答えに結びましょう。

Où mangez-vous ?　●　　　● — Mardi.

Quand partez-vous ?　●　　　● — Pour étudier le français.

Combien de frères
avez-vous ?　●　　　● — Au restaurant.

Pourquoi partez-vous
en France ?　●　　　● — En taxi.

Comment est-ce qu'il
rentre ?　●　　　● — Trois.

▶練習 3　例にならって質問に答えましょう。

> ⑩ — Vous achetez beaucoup de cadeaux pour votre famille? (non / peu de)
> あなたは自分の家族にプレゼントをたくさん買いますか？
>
> ➡ — **Non, j'achète peu de cadeaux pour ma famille.**
> いいえ、わたしは家族にはあまり買いません。

① — Avez-vous beaucoup de livres en français ? (oui / beaucoup de)

➡ — _____

② — Est-ce que vous avez beaucoup de temps libre ? (non / peu de)
　　　　　　　　　　　　　　　　　（暇な時間）

➡ — _____

③ — Est-ce qu'il y a beaucoup de parcs dans cette ville ? (non / peu de)
　　　　　　　　　　　　　　　　　（公園）

➡ — _____

解答と解説

▶ 練習 1

① — **Quand** partez-vous en France ?
あなたはいつフランスに出発しますか？

— Je pars demain.
わたしは明日出発します。

② — **Pourquoi** est-ce que vous ne sortez pas ce soir ?
あなたはなぜ今夜出掛けないのですか？

— Parce que je travaille.
仕事があるからです。

③ — **Combien** de langues parlez-vous ?
あなたはいくつの言語を話しますか？

— Je parle trois langues : le japonais, le français et
l'anglais.
わたしは三つの言語を話します、それは日本語とフランス語と英語です。

④ — **Comment** est-ce que vous réglez ?
お支払い方法はどうなさいますか？

— Je règle par carte.
わたしはカードで支払います。

⑤ — **Où** habitez-vous ?
あなたはどこに住んでいますか？

— J'habite à Aix-en-Provence.
わたしはエクサンプロヴァンスに住んでいます。

練習2

Où mangez-vous ?
あなたはどこで食べますか?

Quand partez-vous ?
あなたはいつ出掛けますか?

Combien de frères
avez-vous ?
あなたは兄弟は何人いますか?

Pourquoi partez-vous
en France ?
あなたはなぜフランスに行くのですか?

Comment est-ce qu'il
rentre ?
彼はどうやって帰りますか?

— Mardi.
火曜日に。

— Pour étudier le français.
フランス語を勉強するために。

— Au restaurant.
レストランで。

— En taxi.
タクシーで。

— Trois.
3人。

▶ 練習3

① — Avez-vous beaucoup de livres en français ?
あなたはフランス語の本をたくさん持っていますか?

➡ — **Oui, j'ai beaucoup de livres en français.**
はい、わたしはフランス語の本をたくさん持っています。

② — Est-ce que vous avez beaucoup de temps libre ?
あなたは暇な時間がたくさんありますか?

➡ — **Non, j'ai peu de temps libre.**
いいえ、わたしは暇な時間があまりありません。

③ — Est-ce qu'il y a beaucoup de parcs dans cette ville ?
この町には公園がたくさんありますか?

➡ — **Non, il y a peu de parcs dans cette ville.**
いいえ、この町には公園はあまりありません。

UNITÉ 17

動詞 vouloir・pouvoir・devoir
▶コーヒーはいかがですか?

望みや可能性、義務などを表現する重要な不規則動詞について学びます。

❶ Vous voulez du café ?

ヴ　　ヴレ　　デュ　　カフェ

1

    1 vouloir + 名詞＝～が欲しい

❷ Il veut rester en France.

イル　　ヴ　　レステ　　アン　　フランス

2

    2 vouloir + 動詞の不定形＝～したい

❸ ― Vous pouvez sortir ?

ヴ　　プヴェ　　ソルチール

3

    3 可能を示す pouvoir

― Non, je dois finir mon travail.

ノン　　ジュ　　ドォワ　　フィニール　　モン　　トラヴァーユ

4

    4 義務を示す devoir

📝 学習のポイント

● 動詞 vouloir・pouvoir・devoir の活用と使い方

日本語訳

❶ コーヒーはいかがですか？

❷ 彼はフランスに残りたがっています。

❸ ── あなたは外出できますか？

　── いいえ、仕事を終えなければなりません。

Vocabulaire

動詞　　　　　　　　　　　　　　　　　　　　　🎧63

☐ **vouloir** … 〜が欲しい、〜したい
　ヴルォワール

☐ **pouvoir** … 〜できる
　プヴォワール

☐ **devoir** … 〜しなければならない
　ドゥヴォワール

公式 35 動詞 vouloir・pouvoir・devoir の活用と使い方

この三つの動詞は不規則な活用をしますが、不定形が -oir となる動詞に共通
した特徴を持っています。特に vouloir と pouvoir の活用はほとんど同じです。

vouloir ～が欲しい、～したい
ヴルォワール

	単数		複数	
1人称	je ジュ	veux ヴ	nous ヌ	voulons ヴロン
2人称	tu チュ	veux ヴ	vous ヴ	voulez ヴレ
3人称男性	il イル	veut ヴ	ils イル	veulent ヴール
3人称女性	elle エル	veut ヴ	elles エル	veulent ヴール

pouvoir ～できる
プヴォワール

	単数		複数	
1人称	je ジュ	peux プ	nous ヌ	pouvons プヴォン
2人称	tu チュ	peux プ	vous ヴ	pouvez プヴェ
3人称男性	il イル	peut プ	ils イル	peuvent プーヴ
3人称女性	elle エル	peut プ	elles エル	peuvent プーヴ

 1人称単数の je peux は倒置形の場合だけ puis-je という形になります。
ピュイージュ

devoir 〜しなければならない ドゥヴォワール	単数	複数
1人称	je dois ジュ ドォワ	nous devons ヌ ドゥヴォン
2人称	tu dois チュ ドォワ	vous devez ヴ ドゥヴェ
3人称男性	il doit イル ドォワ	ils doivent イル ドォワーヴ
3人称女性	elle doit エル ドォワ	elles doivent エル ドォワーヴ

　これらの動詞はいずれも後に不定形を伴って使いますが、vouloir は名詞を直接目的補語にすることもできます。

　また pouvoir は可能や「〜かもしれない」という推量（可能性）を、devoir は「〜に違いない」という推測を表現することもできます。

> **Puis-je entrer ?**　　　入ってもよろしいですか？
> **Il peut réussir.**　　　彼は成功するかもしれない。
> **Il doit réussir.**　　　彼は成功するに違いない。

　そのほか pouvoir や vouloir を使った疑問文で依頼を表現することもできます。

> **Est-ce que vous pouvez téléphoner à M. Albert ?**
> アルベールさんに電話していただけますか？

　vouloir を用いると改まった感じが強くなり、est-ce que 〜 を使わずに、倒置疑問文で同意を求める表現を作ります。ただし文脈に合わない使い方をすると、丁寧すぎて逆に無礼な感じを与えます。

> **Voulez-vous fermer la porte ?**
> ドアを閉めていただけませんでしょうか？

UNITÉ 18

179

UNITÉ 18

練習問題 **動詞 vouloir・pouvoir・devoir**

▶練習1　例にならって正しい活用を入れましょう。

> 例 Vous _____ déjà partir ? (devoir) ➡ Vous **devez** déjà partir ?
> あなたはもう出発しなければなりませんか？

① — Est-ce que tu _____ rentrer avant 7 heures
ce soir ? (pouvoir)　　　　　　　（前）

— Non, je ne _____ pas. Je _____ travailler.
(pouvoir) / (devoir)

② Est-ce que vous _____ appeler M. Bac, s'il vous
plaît ? (pouvoir)　　（電話をかける）

③ Docteur, mon fils ne _____ rien manger. Qu'est-
　　　　　　　　　　　　　（何も…ない）

ce que je _____ faire ? (vouloir) / (devoir)

▶練習2　例にならって vouloir・pouvoir・devoir の中からふさわしいも
のを選んで文を完成させましょう。

> 例 Est-ce que nous _____ aller au café avec eux ?
> 　　　　　　　　　　　　　　（行く）
>
> ➡ Est-ce que nous **pouvons** aller au café avec eux ?
> わたしたちは彼らと一緒にカフェに行けますか？

① Est-ce que vous _____ appeler un taxi ?

② — J'ai soif!

— Tu _____ un verre d'eau ?
　　　　　　（グラス、1杯）

③ — Tu manges avec nous ce soir ?

— Non, je ne _____ pas.

— Pourquoi ?

— Parce que j'ai un examen demain matin.

（試験）

Je _____ étudier.

▶ 練習3 　例にならって質問に答えましょう。

例 — Ils veulent aller au cinéma ?
彼らは映画を見に行きたがっていますか？

➡ — Non, **ils ne veulent pas aller au cinéma.**
いいえ、彼らは行きたがっていません。

① — Tu veux prendre un café ?

（飲む）

➡ — Oui, _____

② — Est-ce que vous voulez voir ce film ?　(nous)

（見る）

➡ — Non, _____

③ — Tu veux aller voir le match avec moi ?

（試合、ゲーム）

➡ — Oui, _____

解答と解説

▶練習1

① — Est-ce que tu **peux** rentrer avant 7 heures ce soir ?
君は今晩は7時までにうちに帰れますか？

— Non, je ne **peux** pas. Je **dois** travailler.
いいえ、帰れません。わたしは仕事をしなければなりません。

② Est-ce que vous **pouvez** appeler M. Bac, s'il vous plaît ?
バックさんに電話をしていただけますか？

③ Docteur, mon fils ne **veut** rien manger. Qu'est-ce que je **dois** faire ?
先生、わたしの息子は何も食べたがらないのですが、どうしたらいいですか？

▶練習2

① Est-ce que vous **pouvez** appeler un taxi ?
タクシーを呼んでいただけますか？

② — J'ai soif !
わたしはのどが渇きました。

— Tu **veux** un verre d'eau ?
水を1杯いかがですか？

③ — Tu manges avec nous ce soir ?
君は今晩わたしたちと一緒に食べますか？

— Non, je ne **peux** pas.
いいえ、無理です。

— Pourquoi ?
どうして？

— Parce que j'ai un examen demain matin. Je **dois** étudier.
明日の朝試験があるので勉強しなければなりません。

▶ 練習3

① — Tu veux prendre un café ?

コーヒーを1杯いかがですか？

➡ — Oui, **je veux prendre un café.**

はい、飲みたいです。

 Je veux bien, merci. (ありがとう、いただきます) も可。

② — Est-ce que vous voulez voir ce film ? (nous)

あなたたちはこの映画を見たいですか？

➡ — Non, **nous ne voulons pas voir ce film.**

いいえ、わたしたちはこの映画を見たくありません。

③ — Tu veux aller voir le match avec moi ?

わたしと一緒に試合を見に行きたいですか？

➡ — Oui, **je veux aller voir le match avec toi.**

はい、わたしはあなたと試合を見に行きたいです。

U
N
I
T
E
18

 Colonne 「〜が欲しいのですが…」「〜したいのですが…」

　動詞 vouloir「〜が欲しい／〜したい」は、会話の中では Je voudrais 〜という形でよく使われます。これは「条件法」と呼ばれる形ですが、この形にすると「〜が欲しいのですが…」「〜したいのですが…」と、語調を和らげることができます。

Je voudrais un café, s'il vous plaît.　コーヒーが欲しいのですが…。
ジュ　　ヴドレ　　エン カフェ スィル　ヴ　　プレ

Je voudrais réserver une chambre.　部屋を予約したいのですが…。
ジュ　　ヴドレ　　　レゼルヴェ　　ユヌ　　シャンブル

UNITÉ 19

動詞 aller・venir

▶わたしたちと一緒に行きます

「行く」「来る」という動詞 aller・venir を学びます。
これらの動詞で近い未来と近い過去も表現できます。
65

❶ ― **Karim aussi va au théâtre ?**
カリム　　　オスィ　　ヴァ　　オ　　　テアートル
　　　　　　　　　　1　　　　1 aller 三人称単数形

― **Oui, il vient avec nous.**
ウィ　　イル　　ヴィエン　アヴェック　　ヌ

❷ **Mes parents vont‿arriver.**
メ　　　　パラン　　　　ヴォン　　　タリヴェ
　　　　　　　　　　　　　2
　　　　　　　　　　　　　2 aller + 動詞の不定形＝近接未来

Ils viennent de téléphoner.
イル　　ヴィエヌ　　　ドゥ　　　テレフォネ
　　　　3　　　　　　　　3 venir de + 動詞の不定形

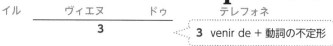

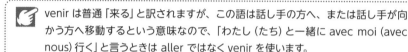

venir は普通「来る」と訳されますが、この語は話し手の方へ、または話し手が向かう方へ移動するという意味なので、「わたし（たち）と一緒に avec moi (avec nous) 行く」と言うときは aller ではなく venir を使います。

✏ 学習のポイント
- 動詞 aller・venir の活用
- 近接未来・近接過去の作り方
- aller を用いた会話表現

日本語訳

❶ — カリムも芝居を見に行くのですか？

— はい、彼はわたしたちと一緒に行きます（来ます）。

❷ わたしの両親はすぐに着くでしょう。

彼らは先程電話をかけてきました。

UNITE 19

Vocabulaire

66

副詞

□ **aussi** … ～も
オスィ

名詞

□ **théâtre** m … 劇場、演劇、芝居
テアートル

動詞

□ **aller** … 行く
アレ

□ **venir** … 来る
ヴニール

185

公式36 動詞 aller・venir の活用

aller「行く」、venir「来る」の二つはよく使われる動詞で、特に aller の活用は大変不規則です。

aller 行く アレ	単数	複数
1人称	je vais ジュ ヴェ	nous‿allons ヌ ザロン
2人称	tu vas チュ ヴァ	vous‿allez ヴ ザレ
3人称男性	il va イル ヴァ	ils vont イル ヴォン
3人称女性	elle va エル ヴァ	elles vont エル ヴォン

venir 来る ヴニール	単数	複数
1人称	je viens ジュ ヴィエン	nous venons ヌ ヴノン
2人称	tu viens チュ ヴィエン	vous venez ヴ ヴネ
3人称男性	il vient イル ヴィエン	ils viennent イル ヴィエヌ
3人称女性	elle vient エル ヴィエン	elles viennent エル ヴィエヌ

動詞 revenir「戻る」、tenir「保持する、つかむ」は venir と同じ活用です。

近接未来・近接過去

〈aller + 動詞の不定形〉は近い未来 (直後に、あるいは確実に起こること、することを、〈venir de + 動詞の不定形〉(de が入ることに注意) は直前に起こった (した) 近い過去を表現します。

| **Elle va arriver.** | 彼女はすぐに着くでしょう。 |
| **Elle vient d'arriver.** | 彼女はたった今着いたところです。 |

 ❶フランス語の動詞は現在形のままでも時を表す表現とともに使って近い未来を表すことができます。
Elle vient demain. 彼女は明日来ます。

❷〈aller + 不定形〉は「～しに行く」という意味にもなります。 また〈venir + 不定形〉(de が入らないことに注意) は「～しに来る」という意味です。
Je vais acheter du pain. わたしはパンを買いに行きます。
Elle vient déjeuner chez moi. 彼女はうちへ昼食を食べに来る。

公式 38 **aller を用いた会話表現**

aller は具体的に「行く」という意味ではなく、「物事がはかどる」「具合がよい」という意味で日常よく使います。

— **Comment‿allez-vous ?**	お元気ですか？
— **Je vais bien.**	元気です。
Ça va ?	元気？ (くだけた表現)

UNITÉ 19

練習問題 動詞 aller・venir

▶ 練習1　例にならって正しい活用を入れましょう。

> 例 Je ＿＿＿＿ au café. Vous ＿＿＿＿ avec moi ? (aller) / (venir)
> ➡ Je **vais** au café. Vous **venez** avec moi ?
> わたしはカフェに行きます。一緒に来ますか？

① Je ＿＿＿＿＿ au cinéma. Tu ＿＿＿＿＿ avec moi ?
(aller) / (venir)

② Elles ＿＿＿＿＿ à l'université. Tu ＿＿＿＿＿ avec elles ?
(aller) / (aller)

③ Nous ＿＿＿＿＿ au musée. Vous ＿＿＿＿＿ avec nous ?
(aller) / (venir)

▶ 練習2　例にならって venir の正しい活用を入れて文を完成しましょう。

> 例 — Mathieu est là ?　マチューはいますか？
> ➡ — Oui, il **vient** d'arriver.　はい、彼は着いたところです。

① Je ＿＿＿＿＿ de rentrer de vacances.

② Elles ＿＿＿＿＿ de téléphoner.

③ Nous ＿＿＿＿＿ de manger.

④ — Hervé est là ?
— Non, il ＿＿＿＿＿ de partir.

▶練習3　例にならって aller + 不定形を使って答えましょう。

> 例　— Ils étudient le français ? (Non / ils / l'année prochaine)
> 　　彼らはフランス語を勉強していますか？
>
> 　➡ —　**Non, mais ils vont étudier le français l'année prochaine.**
> 　　いいえ、でも来年勉強します。

① — Vous travaillez cette semaine ?
(今週)
　　　　　　　(Non / je / la semaine prochaine)
(来週)

➡ — _____

_____

② — Est-ce qu'elle achète une voiture cette année ?
　　　　　　　(Non / elle / l'année prochaine)
(来年)

➡ — _____

_____

③ — Est-ce que vous partez en vacances cet été ?
(夏)
　　　　　　　(Non / nous / cet hiver)
(冬)

➡ — _____

_____

④ — Vous allez au cinéma ce soir ? (Non / je / ce week-end)
➡ — _____

_____

解答と解説

① Je **vais** au cinéma. Tu **viens** avec moi ?
わたしは映画館に行きます。　君はわたしと一緒に行きますか？

② Elles **vont** à l'université. Tu **vas** avec elles ?
彼女たちは大学に行きます。　　君は彼女たちと行きますか？

③ Nous **allons** au musée. Vous **venez** avec nous ?
わたしたちは美術館に行きます。　あなたはわたしたちと行きますか？

① Je **viens** de rentrer de vacances.
わたしはヴァカンスから帰ったばかりです。

② Elles **viennent** de téléphoner.
彼女たちは電話したところです。

③ Nous **venons** de manger.
わたしたちは食べたばかりです。

④ — Hervé est là ?
エルヴェはいますか？

— Non, il **vient** de partir.
いいえ、彼は出掛けたところです。

▶練習3

① — Vous travaillez cette semaine ?

あなたは今週仕事をしますか？

➡ — **Non, mais je vais travailler la semaine prochaine.**

いいえ、でもわたしは来週仕事をします。

② — Est-ce qu'elle achète une voiture cette année ?

彼女は今年車を買いますか？

➡ — **Non, mais elle va acheter une voiture l'année prochaine.**

いいえ、でも彼女は来年車を買います。

③ — Est-ce que vous partez en vacances cet été ?

あなたたちは今年の夏にヴァカンスに出掛けますか？

➡ — **Non, mais nous allons partir en vacances cet hiver.**

いいえ、でもわたしたちは今年の冬にヴァカンスに出掛けます。

④ — Vous allez au cinéma ce soir ?

あなたは今晩映画館に行きますか？

➡ — **Non, mais je vais aller au cinéma ce week-end.**

いいえ、でもわたしは今週末映画館に行きます。

動詞 faire・prendre
▶彼は何をしていますか?

さまざまな意味を持つ重要な動詞 faire と prendre について学びます。

❶ — **Qu'est-ce qu'il fait ? (Que fait-il ?)**
　　ケ　　　ス　　キル　　フェ　　　ク　　フェチル

　— **Il prend un café.**
　　イル　　プラン　　　エン　カフェ
　　　　　　1
　　　　　　　　　1 （食事）をとる

❷ — **Je vais faire͡un tour.**
　　ジュ　ヴェ　　フェー　　　レン　トゥール

　— **Tu prends la voiture ?**
　　チュ　　プラン　　　ラ　　ヴォワチュール
　　　　　　2
　　　　　　　　　2 （乗り物に）乗る

　— **Non, il fait beau alors je vais**
　　ノン　イル　フェ　　ボー　　アロル　ジュ　ヴェ
　　　　　　　3
　　　　　　　　　3 天候を表現する faire

　　prendre le vélo.
　　プランドル　　ル　ヴェロ

✏️ 学習のポイント

● 動詞 faire・prendre の活用と使い方

日本語訳

❶ — 彼は何をしていますか？

— コーヒーを1杯飲んでいます。

❷ — わたしはちょっと近くを回ってきます。

— 車で行くの？

— いいえ、今日は天気がいいから自転車で行きます。

UNITÉ
20

Vocabulaire

名詞

□ tour ⓜ … 一回り
　トゥール

表現

□ faire un tour … 軽く散歩をする
　フェー　レン　トゥール

副詞

□ alors … それで、だから
　アロル

🎧 69

公式 39　動詞 faire・prendre の活用

動詞 faire と prendre は、人称によって語幹が変わる活用をします。発音にも注意が必要です。

faire　する、作る
フェール

	単数		複数	
1人称	je ジュ	fais フェ	nous ヌ	faisons フゾン	[fəzɔ̃] 発音に注意
2人称	tu チュ	fais フェ	vous ヴ	faites フェットゥ	
3人称男性	il イル	fait フェ	ils イル	font フォン	
3人称女性	elle エル	fait フェ	elles エル	font フォン	

prendre　取る
プランドル

	単数		複数	
1人称	je ジュ	prends プラン	nous ヌ	prenons プルノン
2人称	tu チュ	prends プラン	vous ヴ	prenez プルネ
3人称男性	il イル	prend プラン	ils イル	prennent プレヌ
3人称女性	elle エル	prend プラン	elles エル	prennent プレヌ

単数人称の pren- は [prɑ̃]、複数1・2人称の pre- は [prə]、複数3人称の pre(nn)- は [prɛ] と発音します。

動詞 apprendre「学ぶ、知る」、comprendre「理解する」は、prendre と
ア プ ラ ン ド ル　　　　　　　　　　コ ン プ ラ ン ド ル
同じ活用をします。

公式 40 faire・prendre の使い方

faire の中心的な意味は「する、作る」です。

faire des courses	買い物をする
faire un gâteau	ケーキを作る
faire <u>du</u> tennis	テニスをする

「スポーツをする」「楽器を演奏する」と言うときには、部分冠詞を使います。

Qu'est-ce que vous faites ? (Que faites-vous ?) は、「今何をしていますか?」という意味と、「(職業として) 何をしていますか?」という意味の両方を表現できます。職業を尋ねることをはっきりさせるためには dans la vie (人生において) を付けることもあります。

それ以外にも faire は「値段などがいくらになる」という意味や、非人称構文で天候などを表現する際にも使います。

Ça fait combien ?	(値段が) いくらになりますか?
Il fait chaud (froid).	暑い (寒い)。

 ça は「それ」を意味する口語的な表現で3人称単数扱いです。

prendre は実際に「手で取る、つかむ」という意味のほか、「食べ物、飲み物を摂取する (食べる、飲む)」ことや、「(乗り物に) 乗る」ことなども意味します。

prendre le petit déjeuner	朝食を取る
prendre le bus (un taxi, l'avion)	バス (タクシー、飛行機) に乗る

UNITÉ 20

練習問題 動詞faire・prendre

▶練習1 例にならって正しい活用を入れましょう。

> 例 Le matin, je _____ du jogging. Et toi, tu _____ du sport ? (faire) / (faire)
> ➡ Le matin, je **fais** du jogging. Et toi, tu **fais** du sport ?
> わたしは朝ジョギングをします。君はスポーツをしますか？

① — Que _____ Pierre et François ? (faire)

    — Ils _____ un café à la terrasse. (prendre)
                  (テラス)

② — Qu'est-ce que vous _____ ? (faire)

    — Nous _____ des courses. (faire)

③ — Quel sport _____-vous ? (faire)

    — Je _____ du vélo. (faire)

④ — Vous _____ le train pour Marseille ? (prendre)

    — Non, je _____ le train pour Montpellier. (prendre)

▶練習2 例にならって正しい答えに○を付けましょう。

> 例 Il n' [apprends / apprend] jamais ses leçons.
> 彼はいつも課題をやりません。

① À quelle heure [prendez / prenez] -vous votre petit déjeuner ?

② — Ça [fait / fais] combien ?
    — Ça [fais / fait] 12,75 €.

196

③ — Vous [faisons / faites] souvent la cuisine ?
(頻繁に)

— Non, je ne [fais / fait] jamais la cuisine.

▶練習3　例にならって質問に自由に答えましょう。

例 — Vous faites du rugby ou du football ?　(je)
あなたはラグビーかサッカーをしますか？
➡ — **Je fais du football.**　　　わたしはサッカーをします。
➡ — **Je fais du rugby.**　　　わたしはラグビーをします。

① — Vous prenez un café ou un thé ?　(je)

➡ — _____

② — Ils font du piano ou de la guitare ?

➡ — _____

③ — Il fait chaud ou il fait froid ?

➡ — _____

④ — Vous prenez le métro ou le bus ?　(nous)

➡ — _____

解答と解説

① — Que __font__ Pierre et François ?

ピエールとフランソワは何をしていますか？

— Ils __prennent__ un café à la terrasse.

彼らはテラスでコーヒーを飲んでいます。

② — Qu'est-ce que vous __faites__ ?

あなたたちは何をしていますか？

— Nous __faisons__ des courses.

わたしたちは買い物をしています。

③ — Quel sport __faites__ -vous ?

どんなスポーツをしていますか？

— Je __fais__ du vélo.

わたしはサイクリングをしています。

④ — Vous __prenez__ le train pour Marseille ?

あなたはマルセイユ行きの電車に乗りますか？

— Non, je __prends__ le train pour Montpellier.

いいえ、わたしはモンペリエ行きの電車に乗ります。

① À quelle heure [prendez /(**prenez**)] -vous votre petit déjeuner ?

あなたは何時に朝食を食べますか？

② — Ça [(**fait**)/ fais] combien ?

いくらですか？

— Ça [fais /(**fait**)] 12,75 €.

12,75ユーロになります。

③ — Vous [faisons / (faites)] souvent la cuisine ?

あなたはよく料理をしますか？

— Non, je ne [(fais)/ fait] jamais la cuisine.

いいえ、わたしはまったく料理をしません。

▶練習3

① — Vous prenez un café ou un thé ?

あなたはコーヒーにしますか、紅茶にしますか？

➡ — **Je prends un café.**

わたしはコーヒーにします。

➡ — **Je prends un thé.**

わたしは紅茶にします。

② — Ils font du piano ou de la guitare ?

彼らはピアノを弾きますか、ギターを弾きますか？

➡ — **Ils font du piano.**

彼らはピアノを弾きます。

➡ — **Ils font de la guitare.**

彼らはギターを弾きます。

③ — Il fait chaud ou il fait froid ?

暑いですか、寒いですか？

➡ — **Il fait chaud.**

暑いです。

➡ — **Il fait froid.**

寒いです。

④ — Vous prenez le métro ou le bus ?

あなたたちは地下鉄に乗りますか、バスに乗りますか？

➡ — **Nous prenons le métro.**

わたしたちは地下鉄に乗ります。

➡ — **Nous prenons le bus.**

わたしたちはバスに乗ります。

複合過去
▶わたしたちはまだ昼食を食べていません

avoir、être を助動詞とした過去の表現を学びます。

❶ Elle⌢a chanté très bien.

エ　ラ　　シャンテ　　　トレ　　ビエン

1

> **1** 助動詞 avoir の 3 人称単数女性形 + chanter「歌う」の過去分詞

❷ Nous n'avons pas‿encore pris le

ヌ　　　　ナヴォン　　　　パ　　　　ザンコル　　　プリ　　　ル

2

> **2** 否定文は、助動詞 avoir を ne~pas ではさむ。

déjeuner.

デジュネ

❸ ―Où est-ce que vous‿êtes⌢allé?

ウ　エ　ス　ク　ヴ　　　　　　　　ゼ　　　　タレ

3

> **3** 助動詞 être の 2 人称複数形（敬称）+ aller「行く」の過去分詞単数男性形

―Je suis‿allé en‿Italie.

ジュ　スュイ　　ザレ　　アン　　ニタリ

4

> **4** 助動詞 être の 1 人称単数形 + aller「行く」の過去分詞単数男性形

✏ 学習のポイント

● 複合過去 avoir ／ être ＋ 動詞の過去分詞
● 動詞の過去分詞の性数一致

日本語訳

❶ 彼女はとても上手く歌った。

❷ わたしたちはまだ昼食を食べていません。

❸ — あなたはどこへ行ったのですか？

　 — わたしはイタリアへ行きました。

UNITÉ 21

Vocabulaire

動詞—過去分詞

□ chanter—chanté … 歌う
　 シャンテ　　シャンテ

□ prendre—pris … 取る
　 プランドル　　プリ

□ aller—allé … 行く
　 アレ　　アレ

名詞

□ Italie ⨍ … イタリア
　 イタリ

副詞

□ encore … (否定文で) まだ (〜ない)
　 アンコル

🎧 72

201

UNITÉ 21

(73)

公式 41　複合過去の作り方

複合過去とは助動詞と過去分詞を組み合わせて作る過去時制です。現在からみてすでに終わっている行為・出来事や、その結果である現在の状態を表現します。複合過去は動詞の過去分詞を avoir または être と組み合わせて作ります。ここでは avoir、être は助動詞として働き、「持つ」「ある」の意味はありません。

être と avoir の使い分け

être は移動や状態の変化を表すいくつかの自動詞（直接目的補語を取らない動詞）を複合過去にするとき、助動詞として使われます。

être を助動詞とする動詞

aller	行く	partir	出発する	rester	とどまる
venir	来る	entrer	入る	tomber	転ぶ
arriver	到着する	sortir	出る	devenir	なる
descendre	降りる	naître	生まれる	mourir	死ぬ

など

その他の自動詞とすべての他動詞（直接目的語を取る動詞）は avoir を助動詞として複合過去を作ります。

sortir や passer など自動詞としても他動詞としても使えるものは、それに応じて助動詞も使い分けます。

自動詞　passer：

　Il est passé chez moi.　　彼は私の家へ立ち寄った。

他動詞　passer：

　Il a passé ses vacances à Nice.　　彼はニースで休暇を過ごした。

否定文の作り方

複合過去を否定文にするには、助動詞の avoir、être を ne と pas ではさみます。

　Elle n'a pas chanté.　　彼女は歌わなかった。

倒置疑問文は主語と助動詞を倒置して作ります。

　A-t-elle chanté?　　　　彼女は歌いましたか？

過去分詞の性数一致

être が助動詞として使われると、過去分詞は主語の性と数に応じて変化し、形容詞と同じように女性形には -e、男性複数形には -s、女性複数形には -es を付けます。avoir を助動詞とした場合過去分詞は変化しません。

動詞 aller「行く」の過去分詞

	男性	女性
単数	allé	allée
複数	allés	allées

Je suis <u>allé</u> en Italie.	私はイタリアへ行きました。(男性の場合)
Je suis <u>allée</u> en Italie.	私はイタリアへ行きました。(女性の場合)
Vous êtes <u>allé</u> en Italie?	あなたはイタリアへ行きましたか？

 敬称で相手が一人の場合、過去分詞は単数であることに注意、女性なら allée 。

 過去分詞の作り方

-er 動詞と aller は -er を -é に変えると過去分詞 (男性単数形) になります。finir などの -ir 動詞は -ir を -i に変えて過去分詞を作ります。

UNITÉ 21

| -ir 動詞 | finir – fini | (終わる) |
| | J'ai fini le travail. | 私は仕事を終えました。 |

それ以外の動詞は、不規則な過去分詞を持つものが多くあります。

prendre — pris	取る	vouloir — voulu	望む・〜したい
venir — venu	来る	recevoir — reçu	受け取る
naître — né	生まれる	voir — vu	見る
faire — fait	作る・する	ouvrir — ouvert	開ける
pouvoir — pu	できる	mourir — mort	死ぬ

練習問題 複合過去

▶練習1 例にならい動詞を過去分詞にして入れましょう。

例 Il a _____ deux heures. (travailler) ➡ Il a **travaillé** deux heures.
彼は2時間働いた。

① J'ai _____ des pains. (acheter)

② Ils sont déjà _____. (partir)

③ Elle n'est pas encore _____. (arriver)

④ Avez-vous _____ votre repas ? (finir)

▶練習2 例にならい助動詞を正しい形にして入れましょう。

例 Nous _____ entrés dans un restaurant.
➡ Nous **sommes** entrés dans un restaurant.
わたしたちはレストランに入った。

① Tu _____ resté chez toi?

② Elles _____ passées chez moi.

③ Elle _____ passé ses vacances à Nice.

④ Ils _____ sortis.

⑤ Il _____ sorti la clé de sa poche.

▶練習3　例にならい動詞を過去分詞にして入れましょう。いずれも注意すべき形の過去分詞です。

例 Nous avons _____ le métro. (prendre)

　➡ Nous avons **pris** le métro.　わたしたちは地下鉄に乗った。

---

① Est-elle déjà _____ ? (venir)

② Ils n'ont pas _____ sortir. (pouvoir)

③ Hier, j'ai _____ du tennis. (faire)

④ Qui a _____ la fenêtre ? (ouvrir)

解答と解説

▶練習1

① J'ai **acheté** des pains.

わたしはパンを買った。

② Ils sont déjà **partis**.

彼らはもう出発した。

③ Elle n'est pas encore **arrivée**.

彼女はまだ到着していません。

④ Avez-vous **fini** votre repas ?

あなたたちは食事を終えましたか？

▶練習2

① Tu **es** resté chez toi ?

君は家にいたの？

② Elles **sont** passées chez moi.

彼女たちは私の家に寄った。

③ Elle **a** passé ses vacances à Nice.

彼女はニースで休暇を過ごした。

④ Ils **sont** sortis.

彼らは出かけた。

⑤ Il **a** sorti la clé de sa poche.

彼はポケットから鍵を出した。

▶練習3

① Est-elle déjà **venue** ?

彼女はもう来ましたか？

② Ils n'ont pas **pu** sortir.

彼らは外出できなかった。

③ Hier, j'ai **fait** du tennis.

昨日わたしはテニスをしました。

④ Qui a **ouvert** la fenêtre?

誰が窓を開けたの？

Colonne　**単語の派生関係**

　ある一つの単語を新しくおぼえたら、その単語とつながりのある単語をさがす習慣をつけると効果的に語彙を増やすことができます。例えば étudiant は「大学生」ですが、これは étudier「勉強する・研究する」という動詞からできています。さらにこの étudier は étude「勉強・研究」という名詞がもとになっています。これは美術の「習作」や音楽の「練習曲」、いわゆる「エチュード」のことでもあります。

　また、ある形容詞を見たらその名詞形をさがすのもよいでしょう。intelligent「頭の良い」と intelligence「頭の良さ」、élégant「優美な」と élégance「優美さ」などをあげてゆくと、語尾が -ent/-ant の形容詞の名詞形は -ence/-ance となり、必ず女性名詞であることなどもわかってくると思います。

UNITÉ 16~21 チェック問題

▶練習1　例にならって文を完成させましょう。

> 例 Il _____ un cadeau pour sa mère. (choisir)
>
> ➡ Il **choisit** un cadeau pour sa mère.
>
> 彼はお母さんのためにプレゼントを選んでいます。

① Elle _____ son cadeau. (ouvrir)

② — Vous _____ à quelle heure ? (finir)

　— Nous _____ à 18 heures. (finir)

③ — Tu _____ aujourd'hui ? (partir)

　— Non, je _____ demain. (partir)

▶練習2　例にならって文を完成させましょう。

> 例 — Où _____-vous aller ? (vouloir) ➡ — Où **voulez**-vous aller ?
>
> あなたはどこに行きたいのですか？
>
> — Nous _____ aller à Reims. ➡ — Nous **voulons** aller à Reims.
>
> わたしたちはランスに行きたいです。

① — Qu'est-ce que vous _____ faire ? (devoir)

　— Je _____ aller à la banque.

② — Est-ce que vous _____ venir travailler demain ?
　　　　　　　　　　　　　　　　　　　　　　(pouvoir)

　— Je suis désolé mais je ne _____ pas.

③ — Que _____-tu faire cet après-midi ? (vouloir)

　— Je _____ aller à la plage.

208

例にならって、質問を完成させ、答えを書きましょう。

> 例 — Tu _____ à la poste ? (aller)　— Oui, _____
>
> ➡ — Tu **vas** à la poste ?　　　　— Oui, **je vais à la poste.**
>
> 君は郵便局に行きますか？　　　　　はい、わたしは郵便局に行きます。

① — Vous _____ d'arriver ? (venir / je)
　 — Oui, _____

② — Vous _____ manger au restaurant ? (aller / nous)
　 — Oui, _____

③ — Est-ce que tu es _____ au théâtre hier soir ? (aller)
　 — Oui, _____

例にならって、faire や prendre を入れ、文を完成しましょう。

> 例 — Patrice _____ du tennis ?　— Non, il _____ du football. (faire)
>
> ➡ — Patrice **fait** du tennis ? — Non, il **fait** du football.
>
> パトリスはテニスをしますか？　　　いいえ、彼はサッカーをします。

① — Vous avez _____ le bus ?
　 — Non, j'ai _____ le métro. (prendre)

② — Il _____ beau aujourd'hui ?
　 — Oui, il _____ très beau. (faire)

③ — Qu'est-ce que tu _____ ?
　 — Je _____ un café. (prendre)

▶練習1

① Elle **ouvre** son cadeau.

彼女は自分のプレゼントを開けます。

② — Vous **finissez** à quelle heure?

あなたたちは何時に仕事を終えますか？

— Nous **finissons** à 18 heures.

わたしたちは18時に終わります。

③ — Tu **pars** aujourd'hui ?

君は今日出発しますか？

— Non, je **pars** demain.

いいえ、わたしは明日出発します。

▶練習2

① — Qu'est-ce que vous **devez** faire ?

あなたは何をしなければなりませんか？

— Je **dois** aller à la banque.

わたしは銀行に行かなければなりません。

② — Est-ce que vous **pouvez** venir travailler demain ?

あなたは明日働きに来ることができますか？

— Je suis désolé mais je ne **peux** pas.

残念ですが、できません。

③ — Que **veux**-tu faire cet après-midi ?

あなたは今日の午後何をしたいですか？

— Je **veux** aller à la plage.

わたしは海辺に行きたいです。

① — Vous __venez__ d'arriver ?

あなたは今着いたところですか？

— Oui, **je viens d'arriver.**

はい、わたしは着いたばかりです。

② — Vous __allez__ manger au restaurant ?

あなたたちはレストランに食べに行きますか？

— Oui, **nous allons manger au restaurant.**

はい、わたしたちはレストランに食べに行きます。

③ — Est-ce que tu es __allé(e)__ au théâtre hier soir ?

君は昨夜劇場に行きましたか？

— Oui, **je suis allé(e) au théâtre hier soir.**

はい、わたしは昨夜劇場に行きました。

▶練習 4

① — Vous avez __pris__ le bus ?

あなたはバスに乗りましたか？

— Non, j'ai __pris__ le métro.

いいえ、わたしは地下鉄に乗りました。

② — Il __fait__ beau aujourd'hui ?

今日は天気がいいですか？

— Oui, il __fait__ très beau.

はい、とてもいい天気です。

③ — Qu'est-ce que tu __prends__ ?

君は何にしますか？

— Je __prends__ un café.

わたしはコーヒーにします。

文法公式一覧

UNITÉ 1 〜 21 で紹介した文法公式を一覧にしました。
忘れた項目はもう一度各ページに戻って復習しておきましょう。

単語索引

この本の例文、公式解説のページで紹介
された単語や表現が一覧になっています。

※ 形容詞は、男性形のみ掲載されています。
※ 一部、初出ページのみの掲載となります。
※ m = 男性形、f = 女性形、複 = 複数形

形容詞

215

216

217

音声ダウンロードのやり方

STEP 1 商品ページにアクセス！　方法は次の3通り！

❶ 下のコードを読み取ってアクセス。

ダイレクトにアクセス！

❷ https://www.jresearch.co.jp/book/b527850.html を入力してアクセス。

ダイレクトにアクセス！

❸ Jリサーチ出版のホームページ (https://www.jresearch.co.jp/) にアクセスして、「キーワード」に書籍名を入れて検索。

ホームページから商品ページへ

STEP 2 ページ内にある「音声ダウンロード」ボタンをクリック！

STEP 3 ユーザー名「1001」、パスワード「24987」を入力！

STEP 4 音声の利用方法は2通り！　学習スタイルに合わせた方法でお聴きください！

❶ 「音声ファイル一括ダウンロード」より、ファイルをダウンロードして聴く。

❷ ▶ボタンを押して、その場で再生して聴く。

※ダウンロードした音声ファイルは、パソコン・スマートフォンなどでお聴きいただくことができます。一括ダウンロードの音声ファイルは .zip 形式で圧縮してあります。解凍してご利用ください。ファイルの解凍が上手く出来ない場合は、直接の音声再生も可能です。

音声ダウンロードについてのお問合せ先
toiawase@jresearch.co.jp (受付時間：平日9時〜18時)

アテネ・フランセ (Athénée Français)

1913年創立。フランス語を中心として英語・古典ギリシャ語・ラテン語で、常時200以上の講座を設けている語学学校の老舗。谷崎潤一郎、坂口安吾、きだみのる等多くの文化人を輩出する。

〒101-0062
東京都千代田区神田駿河台 2-11
TEL03-3291-3391　FAX03-3291-3392
受付窓口　　9:30 ～ 19:30
　　　　　　（土～ 19:00、除日曜日）
ホームページ　https://www.athenee.jp

●著者紹介

アテネ・フランセ（Athénée Français）

1913年創立。フランス語を中心として英語・古典ギリシャ語・ラテン語で常時200以上の講座を設けている語学学校の老舗。谷崎潤一郎、坂口安吾、きだみのる等多くの文化人を輩出する。

島崎　貴則（しまざき　たかのり）

1969年東京生まれ。早稲田大学文学部演劇科中退、同仏文科卒業。アテネ・フランセにてフランス語、古典ギリシャ語、ラテン語を学び、ディプロム（卒業資格）、ブルヴェ（教授資格）取得。西洋古典学、言語学専攻。現在アテネ・フランセ講師。

カバーデザイン	滝デザイン事務所
本文デザイン・DTP	江口うり子（アレピエ）
カバー・本文イラスト	市村みほ

本書へのご意見・ご感想は下記URLまでお寄せください。
https://www.jresearch.co.jp/contact/

だれにでもわかる文法と発音の基本ルール
新ゼロからスタート フランス語 文法編

令和2年（2020年）10月10日　初版第1刷発行
令和6年（2024年）2月10日　　第5刷発行

著　者	アテネ・フランセ（島崎　貴則　著）
発行人	福田　富与
発行所	有限会社　Jリサーチ出版
	〒166-0002　東京都杉並区高円寺北2-29-14-705
	電話 03(6808)8801(代)　FAX 03(5364)5310
	編集部 03(6808)8806
	https://www.jresearch.co.jp
印刷所	中央精版印刷株式会社

ISBN978-4-86392-498-7　禁無断転載。なお、乱丁・落丁はお取り替えいたします。